子どもが幸せになることば

讓孩子變得幸福的話語

田中茂樹 著
侯萱憶 譯

前言

哆啦A夢中的「出木杉」。
蠟筆小新中的「風間」。
海螺小姐中的「磯野鰹」。
櫻桃小丸子中的「小丸子」。

上述哪個角色，
是你心目中的好孩子呢？

結果如何呢？

大家應該都不太選「磯野鰹」及「小丸子」吧。這兩個角色比較不受人青睞的原因可能是大家普遍認為磯野鰹跟小丸子**「看起來無憂無慮」**、**「好像很樂在生活的樣子」**吧。

醫學院畢業之後，我轉戰研究所主修研究認知心理學及腦科學。我透過與他人交談，感受他人內心想法，來撰寫有關大腦運作過程的論文及書籍，並且從中學習到了「生物的韌性」。

目前生存在地球上的所有生物，都是度過無比漫長的時間加上嚴苛環境考驗而存留下來。人類自幾百萬年前開始行走以來，便持續地進化，經歷物競天擇、適者生存過程，繁衍後代而生存至今。

遇雨無住處可躲，遇夜無電氣可用，當然也不可能出現扭開就有水的水龍頭，就連食物也得每天努力找尋；跳蚤、蚊子層出不窮，時刻擔心大型野獸來襲，就算生病或受傷也無法服藥或求助醫院。

在這種條件下，當時的人只靠自己的力量在大自然中養兒育女。不管經過幾十萬年、幾百萬年，無論熱帶、沙漠或極寒地帶依舊堅毅生存。

我們以及我們的孩子，都是這些祖先流傳下來的子孫。

嬰兒雖然看起來脆弱，但他們擁有「如何讓自己生存下去」、「如何讓自己變得幸福」等與生俱來的能力。

從事醫師工作，透過眾多心理學及腦科學研究等工作經驗累積，讓我確信上述內容。儘管時代及環境不斷變遷，但每個時代的孩子都具有足以在各種環境中判斷自己該如何生存的能力。

我在這本書中想告訴各位兩件事情。

第一件事情是，告訴家長應該怎麼做才能讓孩子「常保活力」。

孩子原本就是活力的象徵。只要有了活力，他們自然而然會主動開始探索「該怎麼做才能變得幸福」。

另外一件事是想讓各位知道，育兒這件事本身是個目的而非手段。和孩子一起相處，是件既奢侈又幸福的事。本書中除了提到如何讓孩子充滿活力的教養方式，以及讓家長感受到育兒的幸福感外，我也整理出我覺得不錯的「說話口氣」，可以應用於日常親子教養生活之中。

我整理了一些孩子從嬰兒到高中，日常生活中常發生的情景，以「常用話語」與「信任話語」來對比介紹。

「常用話語」是一種剝奪孩子活力的言詞。家長通常覺得自己是為孩子著想，其實只是為了獲得當下的安心感。

「信任話語」是一種可以帶出孩子的活力，緩和家長自身情緒，還能引導孩

子能夠獨立又幸福的話語。

關於作者是何許人物，容我在此稍作說明。我是四個孩子的父親，全是調皮淘氣的男孩，其中有三人已經離家自己獨立生活了。

我在研究所研究認知心理學及腦科學後，為了培育臨床心理師，於是留在研究所裡成為教職員。工作一段時間後，我的興趣由原先的研究腦內運動，轉變成希望成為撫癒人心的諮商師。

取得臨床心理師資格後，在學習諮商知識過程中，我也發覺許多有關自己內心的事情。

其中一點是，**我自幼兒期開始，為了使父母開心，在不知不覺間一直過著扮演「優等生」角色的生活。**

雖然成績很好，但一直不太清楚自己真正想要做些什麼。此時，我終於發現原來自己一直過得很痛苦。於是我決定正視自己內心想法。和妻子一同養育四個孩子的過程中，我也從各種先入為主及束縛中掙脫，徹底將心理學知識轉換成實踐成功的智慧。

現在我則是身兼二職，一為醫師身分負責門診或到府診療，從事地區醫療行為；二為諮商師身分持續接受家長提出的育兒問題並提供協助。**這20年來，我透過5千次以上的面談，親身參與了解育兒相關問題。**

此外，15年來我負責主辦地方孩子的休閒俱樂部。我每週都會和**數十名小學生在附近的小學體育館內遊玩，並且藉由遊戲和他們一起相處。**

雖然我不是兒童精神醫學或發展心理學的相關專業人士，但我育有四個淘氣的男孩，且15年來每週都和無數的孩子一起遊玩。時至今日，我依然以臨床心理師身分，每天接收許多家長的育兒煩惱。我想像我這樣的人應該不在多數。

我每天所接觸的家長，他們真實地擁有各種不同的煩惱。

「該怎麼做，才能幫助我的孩子變得幸福呢……」

「如果我用了錯誤的育兒方式，導致我的孩子不幸該怎麼辦……」

「該怎麼（家長覺得好的方向）引導我的孩子呢……」

正因孩子是無可取代的存在，所以家長才會時時刻刻為孩子操心。育兒初期時我也是抱有同樣想法，所以我很清楚家長心中的不安。無論是食物或環境都必須好好打理，否則就是永無止境的擔心。

家長操心的地方，不光是飲食與健康方面。

舉凡考試、學習語言、培養感性、培育健全的腦部發展等等，生活中充斥著這些所謂「正確育兒」的方法與知識。

市面上也出版了許多育兒書籍。越是認真的家長，越是對這類資訊感到壓力與不安。

但，請各位稍微想一想。

我認為如果一直用要「怎麼做才能改變現在不好的狀態」來達到「理想的樣

子」，或是「在育兒方面我一定要成功」等態度來與孩子相處，實在太累也太不快樂了。

這麼做的話，育兒生活可能會演變成痛苦或是一直在想辦法解決問題的時光。

我透過日復一日的受理諮商，發現有許多家長認為孩子日後成長為何種人的「結果」是最重要的，於是每天刻苦耐勞地過日子。

關於這點，我想以期待**「孩子什麼時候才能成長至下一個階段呢？」的態度來面對孩子會輕鬆許多**，快樂也會比操心多更多。

不僅如此，家長還可以藉此做好心理建設告訴自己，未來當孩子面臨各種狀況時都能夠「船到橋頭自然直」。

然而，不可思議的是，孩子像是感受到家長內心想法般，自信心也在日益增加茁壯。

本書中介紹了許多這類實際發生過的例子。因此，敬請以輕鬆、舒服的心情閱讀。

如同我一開始提到過，我在臨床經驗上遇過許多實例，再加上自己實際的育兒經驗，讓我確定「輕鬆育兒」是可行的。

但我無意告訴讀者「應該這麼做」。依照每個家庭狀況不同，對於「好」的定義也應當有所不同。

我只是想讓目前覺得育兒很痛苦的家長明白，我們可以用輕鬆的態度面對孩子，也可以溫柔地和他們相處。

並且，我非常希望每位家長在了解「原來還有這種相處方式啊」之後，能夠減輕和孩子間相處時的焦慮感。

當家長覺得煩躁焦慮時，孩子也覺得不好過。

反之，如果家長時常保持開心的狀態，孩子會因此覺得安心。

你們讓孩子覺得有多安心呢？

你們一直用快樂的態度來度過與孩子相處的時間嗎？

「父母很珍惜我與生俱來的樣子。」

「父母覺得只要我好好生活著就是一種幸福。」

讓孩子擁有這種感覺，等同讓他們現在儲蓄迎向未來幸福人生的力量。

這種儲蓄能成為孩子無來由的樂觀態度——「不管多艱難總會有辦法的。」並且也是成為支持孩子前進的寶物，讓孩子面對人生種種可能發生的危機。這股力量的重要性遠遠勝過成績與學歷。

或許，正在看本書的您，也和來找我諮詢的家長一樣，在育兒上遇到了困難及煩惱。

在進入正題前，只有這件事情，我希望各位家長牢牢記住。

現在，在你身旁又哭鬧又任性的孩子，他們所有的注意力都在你的身上。

但是，總有一天，轉眼間他們會把注意力從你身上轉向其他事物。

家長了解孩子生活所有細節。

現在孩子總是纏著各位叫「爸爸」、「媽媽」。

很快地，你會開始懷念每天被孩子呼喚的日子。

請好好珍惜現在跟幼兒相處的短暫時光。

接下來要介紹的各種情況，全是孩子面臨著現實的嚴峻而犯愁的關鍵時。越是這種時刻，家長越是要把它當成挹注關愛的好時機，讓辛苦轉變成幸福吧！

我希望各位的育兒生活都能比現在過得更加幸福。

田中茂樹

讓孩子變得幸福的話語　目次

第2章　3～5歲　進入「自我意識」萌發的時期

第4章 9～12歲 進入青春期的時期

第5章　13歲以上　進入親子分離的時期

第　1　章

0～3歲

孩子開始認識世界的時期

無論是哭是笑或任何時候
孩子若感受到「爸爸媽媽
一直守護著我」就能放心。如此一來，
孩子就能喜歡世界、喜歡自己的樣子。
請不斷地對孩子說些能培養出
「沒來由的樂觀性」的話語吧。

1

當孩子害怕接種疫苗時……

常用話語

你要加油，
不要哭喔。

↓

信任話語

很痛對不對，
你做得很好喔。

在醫院裡，常會聽到年紀較小孩子哭泣的聲音。雖然醫生及護理師會有十八般武藝幫忙安撫小孩，但是隨著接種多次疫苗或是看過多次牙醫，在孩子心中，醫院的氣氛會和「恐怖經驗」相互連結。而這些平時比較少去的地方，也多少會影響家長的心情……

家長明明知道小孩不可能永遠哭不停，但在候診室中看到其他年齡更小的孩子比自家孩子更穩定時，還是會覺得焦慮。

可是，**我認為如果用到底要怎麼做來「改變現在不好的樣子」（每次看診都大哭）來達到「理想的樣子」（忍耐著不哭）的想法來對待孩子，實在太累也太不快樂了**，因為這會使人陷入「自己必須想想辦法才行」的思考模式。

不如拋開這樣的想法，改為期待**「不知道何時孩子會從這種狀態成長到下一個階段呢？」**的態度與孩子相處會更輕鬆許多。

一位媽媽跟我說過這樣的事。

她的四歲兒子，因為經常鼻子發炎而求診耳鼻喉科。每次去醫院時，孩子一出門就開始哭哭啼啼。這孩子有位一樣因鼻炎經常跑醫院的姊姊，但是姊姊從2歲開始便不再哭泣。媽媽覺得奇怪，明明是姊弟為什麼差別這麼大。

弟弟在候診室看動畫DVD時，心情就會轉好，但當護理師叫喚名字的瞬間，他就會開始哭著說「我不要～」，每次都是護理師跟媽媽一起押著他讓醫生為他診療。

護理師對媽媽說：「有不哭的孩子，也會有哭很久的孩子，媽媽不用太在意喔。」媽媽自己想想也覺得「我家的孩子就是哭比較久的類型」，於是放寬心接受並且一路陪伴著孩子。

結果前幾天，孩子出門時的感覺跟平常有些不同。

他在候診室時也靜靜地坐著等待，沒有看DVD。護理師叫喚名字時，也不需要媽媽提醒，自己走進了診間，並且自己張開嘴巴讓醫生診療。醫生及護理師都稱讚他「今天做得很棒耶！」，媽媽說他看起來十分滿足。

媽媽對我闡述她當時的心情。

「我看著與平常感覺大不同的兒子，**才明白其實他心裡也想像其他孩子一樣不哭**，並且終於成功了，十分了不起。我一直覺得這天遲早會來，但實際發生了，心裡的寂寞感遠勝於喜悅感。以後就沒有機會抱著這孩子進去診間了呢。」

這種事情每個孩子都辦得到，是他們成長的一個階段。孩子們其實很清楚，哭的人很奇怪、樣子很糗。

但如果家長把這個階段當成「必須領導孩子前進的艱難工作」，當下或許可以稍微喘口氣。

但會演變成「啊，終於度過這個階段了，不過還有很多事情得做，好累啊……」

的情況。

或者可以參考這位媽媽的態度，以期待自己播的種子發芽的心情和孩子相處。

當孩子學會爬行時。

當孩子學會扶著東西站立時。

與上述階段相同，家長可以保持適當的距離，來欣賞孩子成功對抗世界的完美瞬間，屆時會得到更深的感動。像是「下次，孩子還會帶給我什麼感動呢？」

別用「如何讓孩子成長得更好？」或「為了讓孩子更好，家長該做些什麼？」的態度，改以著重於「期待孩子未來的自我成長，以及依靠自我力量完成目標」的想法和孩子相處，不僅可以減輕育兒期間的痛苦感，還能增加喜悅感。

並且，**家長也要為自己做好心理建設，相信孩子未來遇到種種場面時「總會有辦法的」。**

不可思議的是，孩子一旦得知家長改變了對自己的想法，自信也會油然而生。

2

當孩子不想刷牙時……

常用話語

不刷牙的話
會長蛀牙喔。

↓

信任話語

好傷腦筋！

有位爸爸為了讓3歲的兒子刷牙，每天晚上都要來場硬仗。

這位爸爸上次帶孩子做牙齒定期檢查時，看見候診室牆上貼的海報寫著「孩子的蛀牙是家長的責任」，興起了自己得好好幫孩子刷牙才行的念頭。

兒子原本不會特別排斥刷牙，但不知是否因為爸爸每天叨唸而衍生出反彈心理，有時回答「等等刷！」，有時出現明明沒刷牙卻說自己「已經刷好了」的說謊行為。

剛開始爸爸採用「如果不刷牙的話，就不給你吃點心囉！」等零食攻勢，或是「如果刷牙的話我就帶你去遊樂園玩」的獎勵方式來吸引孩子。

但隨著戰火升溫，最近狀況演變成爸爸強押著哭喊的孩子刷牙。爸爸逼孩子躺在地上，用雙腳制住他的手，以強迫張嘴的方式替孩子刷牙。

還有其他案例的家長，因為孩子出現了在學校打同學或是撞倒東西的「問題行為」而來找我諮詢。這些行為果然都是家長過度強迫孩子刷牙所致。

細節我在這裡略過不談，不過**當終止每天晚上強迫孩子刷牙的行為後，孩子的「問題行為」也隨之趨緩**。各位覺得是什麼原因呢？雖然我不敢斷言其中的連結關係，但我認為孩子的問題行為，應該是針對每晚家長強行刷牙行為所發出的SOS信號。

順帶一提，我家四個孩子，有的喜歡刷牙，也有的覺得刷牙很麻煩。尤其是老么，因為口腔敏感，無法接受牙膏的味道，也無法接受牙刷的觸感，直到他小學時期之前都沒有刷過牙。

不過他在幼兒園時似乎有忍耐著不適模仿同學刷牙。即便如此，他的牙齒仍然沒有任何蛀牙，反而是每天刷牙的哥哥出現蛀牙。因此，我認為這件事不需要矯枉過正。

我想表達的是，並非孩子不刷牙就一定會蛀牙，也不是贊成孩子不刷牙的行為。我對於各位家長希望孩子養成確實刷牙的好習慣並無異議。

但是，這件事**是否有強迫排斥的孩子非做不可的必要？我認為家長應該先衡量其利弊，即應該要從「益處跟壞處哪個比較多」的角度來思考。**

我認為刷牙應該沒有緊急到需要強押著哭喊抵抗的孩子來做。

像是接種疫苗時，醫生也會押著孩子打針。這是因為如果孩子失控亂動的話十分危險；即使向年紀較小的孩子說明，他們也不明白接種疫苗的重要性。不接種的話，可能造成罹患疾病的風險，因此接種疫苗是必要的措施。

但是是否真的需要使用蠻力來強迫排斥的孩子接受刷牙呢？

如果各位能夠從容地思考這些事，育兒生活也會越來越快樂。

「你說這種話，如果他一直不刷牙的話該怎麼辦！」

「我不能眼看著明明別人家的孩子都做得到，自己家的孩子卻不肯自己刷牙！」

我在演講時，經常聽到類似的問題與意見。但是我個人認為，這些並非急迫需要立刻處理，也不是必須使孩子承受痛苦來完成的事。

等到他們進入小學時期，自然而然就會開始刷牙了。**到了青春期，有了心儀的對象，甚至會自己去買薄荷口香糖、口氣清新劑之類的用品。**

因此，該如何使孩子配合養成刷牙習慣，只要樂天地想著「我們正站在這條漫長之路的起點上就可以了」，別為這件事情傷透腦筋，單純當成一件趣事來看待也無妨。

你也可以大方地說出「我家孩子非常討厭刷牙，真是困擾！」

一直逼迫自己「必須好好地教養孩子……」，容易讓自己覺得「連刷牙都教不好」，因此陷入焦慮、煩惱狀態，持續下去只會讓家長和孩子受苦。

教養孩子的過程中有大大小小的事情。

有的事情學得快，也有的事情做不來。

不過，無論走到哪個過程；無論順利或挫折，請試著用客觀的角度，把這些過程都當作寶貴的經驗吧。只要持有豁達的態度，「孩子討厭刷牙根本小事一樁」，相信各位一定能夠如此坦然面對的。

我想表達的是，**問題其實不在孩子不肯刷牙上，而是必須意識到自己無法從容看待「刷牙不是什麼大事」**。換個角度看事情，心境也會大不相同。

3

當孩子一直在身邊催促時……

常用話語

我不是叫你
等一下嗎！

↓

信任話語

**原來你這麼
期待呀！**

夏天來臨。帶孩子去游泳池是一項大工程。要帶毛巾、泳裝、防曬衣及蛙鏡，也少不了換洗衣物跟水壺。儘管經過再三確認後出門，結果還是漏帶了自己的泳衣。

再加上孩子的泳衣及用具尺寸很快就變小了，所以對我這種粗心的家長而言，出發去游泳真的很緊張。

有一次我帶孩子到露天游泳池游泳。

有一位年輕的爸爸帶著兩個小男孩走進了人潮眾多的更衣室。那位爸爸急忙換好自己的衣服後，開始先幫弟弟（大約兩歲半）換好了泳衣，然後對弟弟說「等爸爸一下喔」。

接著替哥哥（大約5歲）換裝，但不知道是泳衣尺寸太小，還是不喜歡款式，哥哥把已經穿在身上的防曬衣又脫了下來。

爸爸有點急躁地訓了哥哥幾句，準備再幫他穿回去，但哥哥本來就不太想穿，剛剛脫下的防曬衣反轉扭成一團，無法順利翻回正面，看起來十分手忙腳亂，急得快要哭出來。在慌亂之際，換洗的衣服從孩子的包包掉到地上弄濕了。爸爸這時嘖了一聲。

外出遊玩時，大人也會因為心情浮躁，變得有點像小孩子。也就是大家常說的「退化」、「孩子氣」。

此時情緒波動容易起伏，會玩得很瘋或笑得很大聲，也會比較易怒。孩子當然也會比平時講話更大聲，難掩興奮情緒，也會鬧脾氣。

那麼，這個情況應該還不需要有人出手幫忙，於是我站得稍遠繼續觀察他們父子。

先換好衣服的弟弟，站在更衣室靠近泳池的出口旁邊，這裡可以聽到游泳池內的人聲及水聲。

接著，弟弟走到陷入膠著的爸爸及哥哥身旁，然後在爸爸後方開口叫了聲「爸比！」。

爸爸正為了處理哥哥泳褲鬆脫的繩子而苦戰中，我在一旁開始擔心弟弟是不是要催促爸爸「快點！快點！」。

爸爸略帶惱容轉頭看著弟弟。「等……」爸爸開口說出第一個字，我想他應該是打算對弟弟說「等一下可以嗎！」

但是弟弟搶在爸爸之前大聲說道：

「爸比！好賞玩（想玩）喔！游泳池！我好賞玩！」

弟弟臉上綻放著無比的笑容，說話的聲音超級可愛，把他期待的心情展現得一覽無遺，原本生氣的爸爸、因受責備而傷心的哥哥，全在一瞬之間展開笑顏。更衣室內的大批人潮包括我在內，全都因為一聲「好賞玩喔！」而露出了笑容。就連現在，我一面回想起當時的畫面一面下筆，想到那孩子可愛的聲音及笑容，我的心便充滿了幸福感。

孩子的情緒波動相當直率，比起大人有較明顯的高低起伏，其表現方式也很純真、沒有防備。

我小的時候，也常常發生如上述一般快樂的事情，印象中，我也像他一樣常常把「好想玩！」掛在嘴邊，我想這種心情至今仍留存在我的內心深處。

與孩子一同出門，常會不自覺變得煩躁。不僅移動方式困難，行李也不少，孩子又不乖乖聽話。

即便如此，為了讓天真無邪的孩子**得到「好賞玩喔！」的經驗；為了讓孩子**

展開笑顏，我們不管多累多辛苦也願意帶他們出門。

希望大家都別忘記這個最重要的目的。

4

當孩子打翻食物時……

常用話語

我就跟你說
會打翻吧！

↓

信任話語

**沒關係，
擦一擦就好。**

年紀小的孩子吃東西時常會掉得到處都是，而且手會不停地碰掉杯子或湯匙。4歲左右的孩子已經養成足夠的專注力，因此打翻物品的次數會大幅減少。

不過每個孩子成長速度差別甚大，所以即使是5、6歲的孩子也會打翻東西。尤其當孩子不專心的時候，打翻的狀況更為頻繁。

當孩子伸出手想拿東西時，他們沒有事先預期過程中會撞倒其他東西，所以無法精細地組織手部動作。

這是因為「手還沒有變聰明」的關係。

當桌子邊緣放著杯子，孩子無法察覺他的手或手肘附近還放著碗，孩子通常容易打翻放在手邊或手肘附近位置的東西，因為他們尚未完善「身體的知識」。

等成長到小學生時期，累積知識後，便會開始留意周遭的物品。

但是在那之前，不管怎麼提醒、責罵孩子，對他們來說依舊是困難的動作。

因為他們不是「故意打翻」或是「不小心打翻」，而是「做不到」。

大人之所以不會頻繁打翻東西，其實不是有意識地留意不打翻，而是即便沒有意識到，身體也會自動小心留意。

孩子所發生的失敗，都不是「故意」的。所以，因為孩子身體不成熟的行為而斥責孩子，不僅毫無用處，更會傷害孩子的自尊心。不管多大聲斥責，都沒有好處。最好的作法是，把一切當成家長的疏失，默默地收拾打翻的碗或杯子。

「但是如果不提醒的話，孩子會不會覺得打翻也沒關係？他會不會一直重複這樣的行為？」

「孩子會不會最後成為打翻食物也無所謂、浪費食物的孩子？」

每當我提到這些情況，總會有家長問我這樣的問題。不過，請不用擔心。**孩子是一種即使不斥責、不稱讚，他也會想要努力做好的生物。**

孩子本身也想要好好吃飯不打翻東西，並且即使大人沒有斥責，孩子自己也會因為打翻東西而覺得難受。

不管家長每次斥責，或是完全不斥責，孩子就是會不斷重複這樣的行為。如果一直叨唸孩子，可能會傷害孩子自尊心及積極性。

想要重建受損的自尊心及積極性是非常困難的。如果孩子因此討厭吃飯，那麼就是剝奪了孩子未來人生中莫大的喜悅。

重建自尊心及積極性所需的費用，比起收拾打翻的味噌湯之費用和勞力簡直天壤之別，下次當你在餐桌上想叨唸孩子的失敗時，請先想起這件事。

說到孩子的失敗，還有一件常見的事——尿床。

當孩子尿床時，家長應該溫柔地對孩子說「沒關係喔」，然後平靜地、若無其事地收拾整理就好。孩子不是因為不小心才做錯事。

「都是因為睡前喝太多水了！」、「我不是叫你睡前要去上廁所嗎？！」用

這些話責備孩子，對孩子有害。

孩子必須自己學會排泄的時機，無論睡前喝水或睡前不上廁所，漸漸地也會開始不再尿床。家長先停下對孩子絮絮叨叨，如果能溫柔地替孩子收拾整理，正是對孩子展現關愛的最好時機，最後可說是因禍得福。

孩子不管年齡多小，一定都會記得家長對自己投注的關愛。雖說如此，孩子其實無法確實用言語表達「我尿床的時候爸爸媽媽沒有罵我，而是直接幫我整理」。

所謂的記得指的是當時發生時的印象，例如晚上的寢室光景，還有尿床時衣服、床單的溼冷感及味道。以及，伴隨著印象的氣氛及感情，例如受家長照顧的態度及話語，以及從中獲得的安心感，這些都會烙印在孩子的記憶裡。

等孩子長大結婚後，當他遇到孩子尿床問題時，可能會下意識地回想起當時的情景。

尤其冬天的晚上，如果小孩尿床的話，對家長來說更是麻煩，必須在寒冷的房間裡更換床單，還得幫小孩更換衣物。

可是，如果在這麼麻煩的狀態下，孩子還能感覺到莫名溫暖、幸福的氣氛的話，或許當孩子長大後也為人父母時，小時候接收到的幸福記憶也會跟著甦醒。

如果媽媽太勞累，沒有餘力溫柔面對小孩時，就是爸爸出場的時候了。睡得很香的夜晚裡，孩子小小聲地說「不小心尿尿了」，請拿出勇氣起床，替小孩換好衣服，用浴巾做好緊急處理，讓孩子再睡回去。處理孩子後，請在浴室把換下的床單、睡衣、內褲洗乾淨。

爸爸心裡必須想著，**這時候對孩子挹注的愛，全是為了讓孩子擁有幸福的未來，堪稱無可比擬的有效投資。**請認真體會這種辛苦的代價，努力地刷洗這些衣物吧。

5

當孩子吵著要買東西時⋯⋯

大家容易這麼想

這樣順從
他的任性
真的好嗎⋯⋯

↓

換個想法更開心

**為了得不到的
東西而哭泣，
也只有現在了。**

我想大家應該常在購物中心或速食店見到 2、3 歲的孩子大哭大鬧，還有家長怒氣衝沖沖的樣子。

以下是我所見到的畫面。

我在超市排隊等待結帳時，我前面有一位約莫 2 歲的小男孩跟他媽媽一起排隊。小男孩手上拿著一小包糖果，看起來像是準備自己拿去讓店員貼上代表結帳完成的膠帶。

當輪到那對母子時，母親順手將小男孩手上的糖果交給負責結帳的女店員。女店員貼上膠帶後，面帶微笑地說聲「來，這給你。」將糖果遞給小男孩。但是小男孩原本似乎想要自己把糖果交給女店員，於是哭了起來。

「我自己用！」小男孩邊哭邊說。

結帳完成後，小男孩一邊移動一邊仍哭喊著「我自己用！我自己用！」媽媽一下子安撫，一下子訓斥小男孩，但仍然無法平復孩子的「自己用！」情緒。

身為成人的我們可能會想，為什麼孩子要哭成這樣或是氣成這樣。但是以孩子的立場來想，這件事對孩子的打擊或許相當大。**我們常常忘記當自己還是孩子時的心情，以及當時如何看待這世界的想法。**

對孩子而言，無法如願以償的難過心情是無比沉重的。接著，孩子面對無法讓自己如願以償的家長，會展現出自己強烈的憤怒加上大發脾氣。

通常這種情況，會看到家長不停斥責孩子，或是擺出兇惡表情，甚至端出一副撲克臉冷眼看著孩子。

大家常在外面看到「媽媽帶小孩」的組合，是因為年紀偏小的孩子還是由媽媽照顧居多。如果爸爸願意多與孩子相處的話，未來爸爸帶小孩的組合可能也會越來越多。

那麼，如果是我遇到這種狀況的話，我不會先安撫小孩，而是先重整我自己的情緒，再使孩子停止哭泣。盡可能讓孩子笑出聲，我覺得應該把力氣花在這上面而非訓斥，這麼做對孩子、對家長都有益處。

我認為面對生氣哭鬧著說「我自己用！」的孩子，請重視孩子難過的情緒，對孩子說聲**「對不起」**。

我的意思並不是「順從孩子所有的要求」。比如說，孩子一想買什麼東西時，家長就直接回答「好，我買給你」，這並非我本意。

就算孩子提出了家長覺得不合理的要求，但孩子其實仍不理解這個世界、這個社會的道理。

他們不是為了讓家長麻煩故意耍任性，而是他們正走在辛苦的道路上，學習著世界上、現實面上無法如願以償的事比比皆是。這是成長過程中一個重要的階段。

面對哭鬧的孩子，如果自己也充滿怒氣的話，實在很難切換對待孩子的態度。身為家長，總會要求自己不該縱容孩子的任性及暴力行為。

像這種時候，大人只要稍加努力，就可以切換自己的心情。可是，孩子卻做不到。

正因如此，更應該以「啊，那孩子正在學習無法如願以償的現實」的態度，用愛來包容孩子。這不是什麼傷腦筋的局面，而是育兒的樂趣之一。

發表此言論的我其實也跟大家一樣，帶兒子去幼兒園時，孩子常常對我大發脾氣，讓我不知所措。最常見的狀況是兒子有一件衣服，印著他喜歡的戰隊，每次清洗還沒完全晾乾時，都會哭鬧吵著要穿那件衣服，否則不肯上學。不管怎麼安撫、說明，兒子就是不肯停下來。最後演變成差點來不及上學，我的忍耐也到達極限……如此的狀況。現在回想起來，那段日子真是難熬。

我想有些家長會擔心，如果不正確教導孩子是非觀念，只要孩子一不如願就大哭怎麼辦；或是學會萬事都用哭來使大人妥協該怎麼辦？

還有，大家都很在意他人的眼光。有的人對孩子的哭聲很感冒，每位家長的腦中一定也曾閃過網路上那些批評家長的文章。

同時，家長也會拿自己的孩子跟其他孩子比較，像是其他同年齡的孩子不會亂發脾氣，或是哥哥姊姊沒有那麼任性等等，這些比較結果容易讓家長感到不安。

不過，正常情況下，每個人的成長階段本來就有明顯不同。設身處地說出孩子的感受，如**「你很難過吧」**、**「好可惜喔」**。同時先穩定自己的情緒，冷靜過後再面對孩子，心裡想像孩子正在成長的樣子，陪伴在孩子身邊吧！遇到這種狀況時，我會集中意識，慢慢深呼吸。

在育兒生活中，這種時期一轉眼就過去了。

請各位家長時常想起這句話。下次遇到類似的狀況，這句話或許很快能派上用場。再者，把「總有一天會覺得懷念這樣的日子」這個念頭放在心裡，育兒生活多少能感到些許輕鬆。

哭泣中的孩子，所有的注意力都在家長身上，

可是轉眼之間，他們會把注意力移轉到父母以外的事物。

家長了解孩子生活中所有的細節。孩子總是纏著家長叫「爸爸」、「媽媽」。很快地，你會開始懷念每天被孩子呼喚的日子。

請好好珍惜現在跟幼兒相處的短暫時光。把孩子面臨「現實的嚴峻」時的哭鬧時刻，當成你挹注關愛的最佳時機，替孩子將難過的場景轉換為幸福的狀況吧。

該不該讀「教養書」？

有位年輕爸爸跟我說過這樣的事。

他有一個三歲的女兒，當他到書店去打算購買給女兒閱讀的繪本時，發現繪本區附近有教養書專區，每本書都堆得跟山一樣高，書名、書腰上的詞句、封面照片等，十分令人震撼。

「我真的嚇了一跳。最近的育兒教養書，簡直跟商業書沒兩樣，甚至還超越商業書了。該說是威脅感嗎？我覺得這些書意圖催促家長努力提升自己。

封面上到處充斥著粗黑體字寫的詞彙，像是『最棒』、『最強』、『變聰明』等，再搭配外國小孩的照片，以及書腰上密密麻麻的宣傳文字。說真的，我身為家長，站在這區書架前，幾乎喘不過氣。」

我對這位父親的直覺深表同感。我認為書上會使用養出世界級孩子或養出高ＩＱ孩子這類嚴格且華麗的詞藻，用意在告訴家長，如果你用這類「方法」引導孩子，孩子就會成為高水準的人喔。

家長會讀這類型的書籍，應該也是期待孩子若成為高ＩＱ「世界級」的話，未來成人後能夠獲得成功，擁有幸福的人生吧。

家長擔心的不僅是考試、學習語言等

「課業」方面。培養感性、增加藝術涵養，以及營養均衡，健全腦部發育等等，這些為了孩子好的「正確教養」方法與知識充斥於你我的生活。越是認真的家長，就越容易感到擔心與壓力。

他們擔心自己如果不按照書上的方式教育孩子，孩子未來是否就無法獲得幸福；擔心自己如果不替孩子打造「優良環境」，自己是不是就成為了不稱職的家長。

我寫這本書的目的，就是希望讓持有上述想法的家長們能夠稍微喘口氣，並且提出一些讓育兒更有趣的方式給家長參考。我想以專家的身分告訴家長，儘管到處充斥著養成「優秀孩子」的方法，但請不要因此作繭自縛。

想用全面性的「科學」方式來討論如何養育出幸福的孩子，當然是不可能的。雖然那些書裡介紹了各種研究的結果，但都只針對某幾個項目，然後調查多數人受到該影響的結果。例如，每天看著雙親吵架的孩子，會比一般孩子來得情緒化之類的。

本書中所有的言論，都是我個人的意見，並沒有什麼相關科學根據佐證的理論。但是，如同我在「前言」提到，我說的這些方法一定不會適用於所有孩子。

家長無須逼迫孩子學習或精進運動能力。

相反的，**家長只需把心思放在如何讓孩**

子展露笑顏；如何讓孩子過得更開心，樂天地享受育兒生活就好。如此一來，不但孩子變得幸福，家長也能樂在育兒生活之中。

這正是我想透過這本書傳達的理念。這些都是我透過諮商、診療、陪伴孩子遊玩的過程，再加上自己本身育兒的經驗中所獲得的心得，並且以「專家」身分提出供家長參考。

我認為光是閱讀書本，不會讓各位家長馬上改變心態，或是立刻使育兒生活一帆風順。

即便如此，我衷心期盼著，各位家長能因得知了腦部暨心理學家所提出的輕鬆育兒方式，讓自己能夠從永無止境的擔心，或走投無路的狀態中稍微獲得解脫就好。

第　2　章

3～5歲

進入「自我意識」萌發的時期

在家長眼中看來像
任性胡鬧的種種行為，
在孩子的世界裡
卻是他鼓起勇氣
所表達出來的意見。
成長的速度快慢，
每個孩子各不相同，
無須在意孩子大器晚成。
接下來我要為各位家長
介紹快樂孕育
「孩子獨有個性」的話語。

6

當孩子不想吃青菜時……

常用話語

吃青菜
才會健康啊！

↓

信任話語

**原來你不喜歡
吃青菜啊。**

我想偏食是家長諸多煩惱其中之一。我聽說到現在還有小學老師秉持要求孩子「如果沒吃完就不能去玩耍」的方針。

我認為**逼迫孩子吃下不喜歡吃的食物，其弊處遠遠大於利處。**孩子對食物的喜好會自然改變，只要等孩子自己想「嘗試吃看看」的時機來臨即可。

再擴大方向來說，吃飯原本是件無比開心的事情，因為我覺得吃飯不光是補充營養，**更是家庭及夥伴間交心的時間，這些全都是孩子未來生存的動力泉源**，在人生中實屬重要的要素。

不過，學校也有學校的考量。教育是歷史悠久的領域，我自己的育兒生涯中也秉持著「把所有的事情交給老師處理，自己不會多出意見」的方針與學校配合。

有關孩子偏食，我為各位介紹一個我印象深刻的例子。

Ａ小弟的父親，因為偏食以及在幼兒園的人際關係，曾來找我諮商一陣子。Ａ小弟很不喜歡吃青菜，如果硬逼他吃，最後都會吐出來。

Ａ小弟的父親與多數的家長相同，十分介意Ａ小弟不吃青菜的問題。

「我覺得每種食物都吃的孩子，生存能力比較強。」

「光吃肉不吃菜，是不是很容易變胖或生病呢？」

「一直不吃青菜，將來會不會容易得高血壓或糖尿病呢？」

以上種種，都是Ａ小弟父親擔心會發生的狀況。後來，Ａ小弟上小學後，一反家長擔心的狀況，每天快樂地上學。開始在學校吃營養午餐後，某天Ａ小弟突然對父親說：

「爸爸，昨天的營養午餐我超辛苦的。配菜裡面放了黑豆，我吃菜的時候很小心不要碰到豆子，然後直接吞下去了。」

「什麼？你吃豆子？你敢吃豆子了嗎？」

父親不禁提出疑惑。

「因為昨天的甜點是鳳梨，所以我努力吃掉豆子了。」鳳梨是A小弟最喜歡的水果。

「那你只吃鳳梨就好了啊，你在家裡都是這麼做的啊。」

A小弟聽了父親說的話，擺出一副「你們這些大人就是不懂」的表情，故作姿態地說。

「爸爸我跟你說，學校有規定沒有吃完所有食物前，是不能吃甜點的！在家裡可以不吃討厭的食物，可是在學校不行。這就是規定，爸爸你連這個也不懂嗎？」

父親想像A小弟努力吞豆子的樣子，覺得自己的孩子真的很努力呢！心裡覺得孩子真是無比可愛。

不過，A小弟卻說這不過是件小事。

可能是想讓父親聽聽自己努力達成的事情吧。

這個「沒有吃完所有食物就不能吃點心」的規定，就是年幼的A小弟要面對的現實，而他用自己的方式下定決心與做好覺悟去面對現實，他的父親覺得A小弟真的變得可靠多了。

父親沒有用**「在學校吃得下，回家也可以吃得下了吧」**的說法，逼迫A小弟在家也比照辦理。

他覺得這兩者不能相提並論。因為孩子在學校已經很努力吃掉自己討厭的食物了，回到家希望孩子能吃得輕鬆愉快。營養均衡的事就交給學校的營養午餐；在家裡吃飯就是快樂的用餐時間，同時也是**增加心靈營養的時間**。

聽了A小弟的話，各位家長是不是也開始思考學校及營養午餐，對孩子來說到底存有何種意義呢？吃飯並非僅是攝取營養而已。各位家長是否也覺得，這個案例告訴了我們在家用餐所代表的意義為何，並且也給了我們看事情的新角度，即孩子是有多麼重視學校這個世界，這點更是值得我們探討。

我認為家長不需要跟老師說「我家孩子不愛吃青菜，在學校不吃也沒關係」，適時放手也很重要。當然，如果孩子對食物過敏的話，那又另當別論。

對於孩子的挑食問題，請不要以「如果不解決會成為大問題」的心態來看待，而是用「咦？這個孩子不吃蔬菜嗎？嗯，實在太有意思了」的想法來與孩子相處。

不用把這件事看得過於嚴重。不僅如此，只要知道孩子正在健康長大的話，育兒生活也會過得更開心。

最後，有關孩子不喜歡吃蔬菜的問題，我以醫師身分提供一個建議。

這個方法就是可以**讓不吃蔬菜的孩子吃水果**。蔬菜是草生（1年內枯萎）；水果是木生（每年都有）來加以分辨。番茄或茄子都是當年播種，從種子開始培養，接著開花結果後變枯萎，而橘子跟蘋果每年都是由同一棵樹產出。

用這個方法來分辨的話，草莓、西瓜就變成蔬菜了呢。雖然維他命、礦物質等在營養素上多少會有些差別，但是我認為如果孩子肯吃水果，即使缺少蔬菜，也不需要過度操心（但這裡提到的水果是「新鮮水果」，萬不可用果汁代替〔即便是標明100%果汁〕。

當然我的本意並不是告訴孩子可以完全不吃青菜，不願吃美味蔬菜料理是很可惜的事。我在這裡想告訴各位家長的是，如果孩子真的很排斥蔬菜，實在不願吃的話，用水果可以適度補上缺少的營養素。

順帶一提，我家的孩子每個都很討厭蔬菜，但我沒有強迫他們一定要吃。雖然到中學時期還是有人不吃蔬菜，但每個孩子都健健康康長大，沒有特別的病痛。已經長大成人的三個哥哥，現在已經很愛吃蔬菜了。

孩子應該從小開始學英文嗎？

我就讀研究所，為的是研究認知心理學，我在就讀期間進行有關腦內運動、記憶的構造、說話能力，以及窺知他人心思等種種研究。

而我太太是婦產科醫師，儘管我們兩人都擁有醫學及腦部相關知識，但我們仍對如何養育自己的孩子，抱著極大期待與不安。我**認為無論家長是否有無專業知識，同樣會對育兒生活感到不安**。

自從長子出生，一開始我都用從論文、教科書中學到的知識來照顧孩子使之茁壯，但每天經過現實生活薰陶後，我的想法也開始改變。有很多前輩對我說：「你生了小孩後，不僅增加心理學知識，對你的研究也頗有幫助。」

但是，就我而言，育兒的困難度及成就感，不只前輩所說的如此。我後來覺得**心理學及醫學知識，只不過是一種為了養育出幸福孩子的手段及方法而已**。相較於知識及研究，我覺得育兒生活本身更重要也更有趣。現在我的想法已經從「必須這麼做」轉變成「我想這麼做，這麼做比較開心」。我覺得站在我的立場，這種想法是正確無誤的。

回歸正題，其實我一開始不斷思考著

「要怎麼做才能讓孩子變聰明」。具體來說像是成績優良、認真學習語言、運動在行等等，簡單來說就是「資優生」的感覺。我一直在思考，該怎麼做才能養出旁人眼中的「完美孩子」。

例如，我在長子出生後6個月～2歲半的期間，為了讓孩子從小在日常生活中接觸英文，想替孩子打造一個雙語環境，於是請來英國留學生在家裡寄宿當保母照顧孩子。

不過，在快滿兩歲之前，每當大人用英語說話時，他都會口齒清晰地對大人抱怨，要大人**「好好講話！」**他所說的「好好講話」，指的是**「講日語不要講英語」**的意思。

有關這點，如果我遇到出差需要全家人常駐海外，就必須得說英語；在幼兒園也會接觸到英語，情況也許就不同了，或許能夠如我預想中的培養出孩子的雙語能力。

但在我家沒有出現任何上列狀況，而我家孩子就像看破我的「別有用心」一般，用「好好說話！」這句話要求大人用日語說話。

我覺得能夠做到這一點反而比會說英語來得更加優秀。因為**孩子想要好好地跟大人交流，於是希望選擇說出自己最熟悉的語言**，並且要求家長也如此配合。

我的孩子讓我察覺語言並不是看重英語的發音是否好壞、是否聽得清L、R的發音，能否做到日常打招呼等表面工夫，而是一種相當重要的根本。孩子同時也教會我，與人對話是生存下去的一大重要因素，不能別有用心，必須正確地說話。

日本語言研究第一把交椅的大津由紀雄先生，過去我做研究時曾深受他的照顧；他一直很反對從小學階段開始學習英語。

因為語言的基礎及基本原則不分英語或日語，共通的部分很多，必須先打好母語根基，以培養「語言的力量」。

我所學過的大腦結構以及認知心理學的相關知識讓我堅信，只要能先打好母語根基，日後學習其他語言時也能遊刃有餘。

如果教學者沒有好好學習外語的教學方式，像是小學老師通常要身兼多職；若以臨陣磨槍的教學方式來教英文，我認為會衍生出許多問題。比如說，為了增加英語教學時間而刪減國語學習時間，一旦出現這種狀況，就是一個相當嚴重的問題。

7

當有弟妹出生，
孩子比之前更任性時……

常用話語

寶寶在哭，
等一等！

↓

信任話語

你來當
我們的寶貝，
爸爸媽媽好幸福。

對幼小的孩子而言，家裡多了弟弟或妹妹是非常快樂的事情，家長也都明白他很期待跟小寶寶見面。

但同時對自己無法完整佔有家長的愛——特別是母親——隨著媽媽的肚子開始變大，他們也跟著開始感到不安。因為家長通常會優先處理嬰兒的需求，而「稍後」處理哥哥姊姊的事情。

這個時候，大家應該常會經歷到孩子的退化現象。

我先寫在前頭提醒各位家長，**孩子的退化期，是孩子所發出健康的SOS信號**。他們正述說著自己需要爸爸跟媽媽的愛，只是他們仍不擅用言語表達。

此外，他們可能不想給忙碌的雙親添麻煩，同時也想當好哥哥、好姊姊，因此壓抑自己想要撒嬌的情緒。為了取得這些平衡，孩子讓自己回到嬰兒狀態，藉此想接收父母親的愛，這並非故意行為，有可能是孩子自然發生的舉動。

不過，家長方面也很忙碌及疲勞，特別是孩子哺乳時期，通常會出現慢性睡眠不足，再面對哥哥姊姊的退化期，實在難以招架。

平時乖巧聽話的孩子，明明知道大人忙得不可開交，卻在這時候說些辦不到的事情，面對這種狀況，家長恐怕也是難以控制怒氣。家長往往擔心「如果這時候順了孩子的意，不知道會不會影響他的未來發展」。

遇到這種情況，只要在心中把狀況視為「退化期是孩子健康的ＳＯＳ信號」，就能稍微寬心些。

用退化方式來撒嬌、尋求家長關注的孩子，都是非常理解家長心情且懂事的孩子，用溫柔的態度對待他們也沒有關係。

「有你／妳在我身邊，我很幸福喔。」

「〇〇出生的時候，爸爸媽媽都覺得超幸福的。」

家長可以使用這些話語來與孩子應對。孩子之所以會出現退化成嬰兒等令大人「困擾」的行為，也是想從家長身上得到這類充滿愛意的話語與親密接觸。

有一次，一位育有小學三年級男孩的母親來找我諮商。她的孩子一直哭鬧著說不會寫學校的作業；每次都對媽媽說「我找不到講義」，要媽媽去幫他尋找。

孩子會因為各種理由開始生氣，氣到後來會對媽媽動手、丟東西，難以控制自己的情緒。

這個男孩有個3歲的妹妹，以前情緒穩定的時候，他對妹妹很好，是個溫柔的哥哥。

像這種易怒、大發脾氣，就是典型的退化期例子。

跟一般孩子出現退化期的時機相比，這個孩子的確晚了許多，不過這也是有其原因。面談時，我告訴這位媽媽，撒嬌不是壞事，請讓孩子盡情撒嬌，讓他仰賴自己的力量重新回到軌道。

自媽媽溫情以待那一天起，男孩的撒嬌行為一口氣升到極限。「媽媽～幫我用～」不管刷牙或換衣服都會央求媽媽幫忙。早上一起床就說「抱抱～」一股腦兒黏著媽媽，要媽媽直接揹他上餐桌。換衣服也全要媽媽處理，只要媽媽對他說「你自己穿」，他就會大哭，對媽媽大吼「妳來穿！」。

之前明明沒有挑食問題，突然間連愛吃的東西也不吃了。

「這麼做真的一切就會變好嗎？」

隔週的面談時，媽媽這樣詢問我。

對於媽媽的問題，我向她說明：「會變好的。但是，**『會變好』指的不是他會回到之前那個聽話懂事的樣子，而是指他會成為一個自然的孩子。」**

這個男孩因為妹妹出生後，看著妹妹備受呵護，或許自己在疼愛妹妹的過程中，想起了自己小時候也是這樣深受父母寵愛。但男孩本身應該沒有意識到這件事。

當撒嬌過頭時，會演變為憤怒。現實世界中，並非事事都能盡如人意，面對這種情況，孩子會因為「為什麼媽媽都不照我說的做！」而大感憤怒。

這種撒嬌等同於對家長的「信賴」與「期待」。爸爸媽媽如果在這個時候接受他的撒嬌，對孩子今後在這個世界上生存具有重大意義，將會建立起孩子未來與人相處時的安心感、信賴感。

這個過程可以讓孩子確信「自己可以好好地活在這個世界上」、「這個世界很安全」，這些想法對孩子來說相當重要。**他們要確定所有的事情都能心想事成，並且相信媽媽能夠滿足這樣的自己**。嬰兒及幼兒都是藉由這些經驗而逐漸成長。

正值退化期的孩子，透過上述體驗以**確定自己即使一不如意就哭鬧發脾氣，家長也會如嬰兒時期照顧自己，不會因此丟下自己不管，只要「保持現在的狀態」就很好**。這一點教也教不來，只能讓孩子親身體會。

這位來諮詢的媽媽本身也有弟弟妹妹，她記得自己從小就幫忙母親替弟弟換衣服或準備食物。這位媽媽的雙親感情並不好，父親時常對母親大吼大叫，母親因此傷心落淚。她總是在想**「自己必須助母親一臂之力才行」**。

聽她說完這番話，我想，這個小男孩現在的行為，可能是替媽媽補足過去撒嬌不足的部分吧。

這種例子時有所聞。有時候即便已經對孩子破口大罵，孩子依然想要黏著家長，令人感到十分不可思議。

但這種時候我會建議家長試著以**「這孩子可能是替我修補過去我撒嬌不足的部分」這樣的心態來和眼前又哭又鬧的孩子相處**。

雖然你現在是家長，是孩子撒嬌的對象，但試想自己如果回到了孩提時代，說不定會把當時無法好好撒嬌的心情，一口氣朝自己的父母宣洩。

然後**讓心境成為自己的父母，全心且善待當時那個既寂寞又痛苦的自己**。

屆時，你的心中會產生什麼樣的感情呢？如果你的孩子也出現退化現象，請試著尋找出上述問題的答案。

8

當孩子努力吃完飯
沒有打翻飯菜時……

常用話語

你好棒喔！

↓

信任話語

今天的飯菜好吃嗎？

稱讚孩子，這件事有時候會出問題。

因為**「稱讚」跟「提供忠告」的性質相似**。稱讚孩子是一種「評價行為」，表示你覺得「這樣做很好」。**而「這樣做很好」的意思等同於「如果不這樣做就不好」**。孩子會覺得你不接受目前狀態的他，而是設定了一個可以接受的標準。「你寫這個字好漂亮！好棒喔！」這句話的意思是寫不出這樣的字就不好。

越是敏感、懂得察言觀色的孩子，越會只做容易受大人稱讚的事情。

這種狀況的問題點在於，**孩子對於自己真正想做的事情，和因為家長稱讚才做的事情間的界線開始變得模糊**。

「約定」也有同樣的問題。

「那，我們約定好了喔！」

「我們不是約定好，你會好好整理東西嗎！」

決定這件事的人是家長，而「約定」其實是命令。

大人無須稱讚，孩子會從自己的行為中獲得報酬。**即便沒有刻意稱讚孩子，他們也能從自己完成的事情中體會到滿足感。**家長本身也有過童年時期，是否覺得這種感覺似曾相識呢？如果孩子需要家長稱讚，他們自己會要求家長把目光放在他們身上。

每個孩子都有一段吵著「媽媽，妳看！」的時期吧。我認為家長這個時候只需要回答「嗯，我看到了」之類的話語即可。

當孩子已經不再主動要求「妳看！」，家長也不需要一直朝這個方向引導孩子。

這是發生在我家三男3歲左右時的事情。晚餐時刻，我們一家人正吃著咖哩飯。旁邊兩個哥哥已經吃完了，三男正在用湯匙吃飯，吃到最後，盤子邊還剩下一些飯粒。如果直接用湯匙舀飯，飯粒一定會從盤子邊掉出來。

「嗯，一定會掉出來吧。」我心裡出現這個念頭，一面看著孩子，沒想到他模仿小狗吃飯的樣子，嘴巴湊近盤子，大口吃掉飯粒，沒有掉在桌上。

哥哥看見了這個情形，不禁脫口而出：「好棒喔，吃乾淨沒有掉出來耶！」。三男聽了哥哥的話，生氣地回嘴：**「這種事不用誇獎我啦！」**

他應該不是自願這麼做的。「爸爸跟哥哥又沒有這樣吃！我沒辦法才用這種方式！這樣哪有好棒！」他清楚地表達出自己的想法。

這種狀況下家長該如何回答孩子，真的是個大難題。

不過，重要的是要**意識到自己「是否採用居高臨下的態度」**。

站在和孩子同等高度，孩子比較容易說出心裡的想法，希望各位家長可以朝讓孩子自己「想要發言」的方向來引導孩子。

或許各位會認為「我是家長為什麼不能居高臨下」，但如果家長講話時不高高在上的話，和孩子間的對話關係能更加平等。

如果孩子能夠跟家長平起平坐地對話（好的方向），他們將來就能成為對朋友或老師好好說話的人。家長所採取的姿態，我認為和培養出孩子有話直說的表達能力有直接的關係。

9

當孩子吸手指、咬指甲時……

常用話語

你就快
上小學了，
不可以這樣！

↓

信任話語

**希望你
很喜歡小學生活。**

幼兒園大班生B小弟的媽媽來找我諮商。

B小弟4月就要上小學了，最近一個月間，開始出現吸手指的行為。

雙親覺得「出言提醒可能會適得其反」，所以一直在旁靜靜觀察，但孩子始終沒有改掉這個習慣。B小弟的媽媽告訴我，跟B小弟一起走路時，一覺得他準備吸手指時，就牽起他的手讓他吸不到手指。

雙親都很擔心「都已經快上小學了，繼續這樣下去好嗎？」。

這次諮商大約是2月左右的事。

聽媽媽說，幼兒園的老師也會提醒孩子「已經快上小學了，大家要好好打招呼」或是「好好整理」，都是一些要孩子好好表現的話。

B小弟在家裡雖然會開心地揹書包、削鉛筆，但其實他也對很多事情感到緊張。

聽完媽媽的話，我認為**B小弟應該是透過「吸手指」的方式，來抵銷自己即將成為小學生的不安。**

遇到這種情況，我建議她與其在意孩子所表現出來的表徵，不如理解孩子「自己正在想辦法克服問題」，靜靜在旁觀察即可，並且我也提出忠告，希望家人能夠減少說「因為你已經快上小學了」這句話的次數。

就算家長不提醒孩子，從幼兒園的老師及朋友說的話中，B小弟已經徹底了解自己必須做好迎接新生活的心理準備。如果是這樣，家長應做的是減輕孩子的壓力。

雖然孩子的態度看起來漫不經心、不太可靠，但是每個孩子都會用自己的方式來重視即將到來的新生活。

後來，B小弟的「問題」也順利解決。

這裡說的解決**並非B小弟戒掉吸手指的習慣，而是雙親已經接受他所選擇的面對方式。**

這個面談過後不久，我去參加了我家么兒上小學後第一次的家長教學參觀。

孩子們原本開心地回頭對站在教室後方的家長揮手，當老師一開口，個個都安靜下來，一臉認真地聽老師說話。

這時，我發現了一件事。班上**居然有一半約15個人用手吸著大拇指，或是用手碰著嘴巴。**

我因他們這些真摯的態度而深深感動，我也想到或許現在B小弟也在某間小學為家長參觀日而努力著。

過去我曾在某間諮商師培訓學校擔任講師，在那裡，我認識了臨床心理學家駒米勝利老師。

這位老師總是對我說：**「症狀對於當事者是相當重要的事，絕對不能等閒視之。」**

身為醫師的我，聽了這句話實在大感意外。「患者不就是因為希望醫生解決症狀才來就醫的嗎？」我雖然當時心裡覺得不可思議，但在學習諮商過程中，漸漸明白老師話中的含意。

像是不把眼前所看到「孩子的問題」當成必須立刻矯正的事情。相反地，要把這些「問題」視為或許這是孩子拚命想出來的珍貴對應方法來給予回應。

例如說，儘管孩子表現的行為看起來懶散、漫不經心，但或許他們正用這種方式向家長表達「ＮＯ」的訊息。

我的意思並不是要家長必須接受孩子所有的問題行為。

我想說的是，希望家長能夠在心裡常保疑惑，**「這個行動，對孩子來說或許有什麼意義存在」**。

因為，這可能是孩子所發出的重要SOS求救訊號。

第 3 章

6～8歲

進入學校生活的時期

學校生活開始後，
孩子必須經營與老師、朋友間的關係，
課業上也得好好用功。
儘管孩子看起來悠哉悠哉，
但卻是孩子在努力保全屬於自己的歸屬感。
家長如果放寬心陪伴，
孩子的自主性也會因此萌芽發展。
讓在學校度過緊張生活的孩子，
回到家可以好好地放鬆。
請對孩子說出溫柔的信任話語吧。

10

當孩子在電視前等
喜歡的節目開始播放時……

常用話語

看電視不用
這麼認真！

↓

信任話語

你看得
好專心呢！
我把茶放這裡喔。

某次我的演講結束後，一位育有小學三年級男孩的媽媽向我提出問題。「今天我出門時也對孩子發了一頓脾氣。我兒子每天晚上七點總是很期待觀賞《名偵探柯南》，開始前15分鐘就坐在電視前等待。當我問他：『你在做什麼？』時，他回我：『我正在調整我的觀看心情。』因為我覺得這麼做未免太過愚蠢，於是打了他。我的孩子很不喜歡念書，功課也要三催四請才不甘不願地去寫。不僅寫字姿勢不正確，字也寫得不好看。要怎麼做才能讓他成為擁有高度注意力的孩子呢？」

聽完這個問題，我的腦海中立刻浮現孩子端正坐在電視前面，眼裡閃耀著期待光芒等待柯南開始的模樣，連我都能感受到他無比興奮的心情。他可能已經上完廁所，還為自己準備好飲料了。製作節目的人，也會因為能讓孩子如此興奮期待而獲得滿滿的成就感吧。

我認為這個孩子早已擁有足夠的「專注力」了。家長都希望孩子在學習或寫作業時發揮專注力，因此不會對於看電視的專注力給予評價。

可是，我認為**所謂的專注力是，認真對待自己有興趣、喜愛的事物並且日益成長。**

首先，孩子喜歡上某件事情，不受其他事物干擾，漸漸地孩子會花費更長的時間來準備這件事。不久後，執行這件事的環境已經完善，自己的狀態也調整完畢。

這位專心看柯南動畫的孩子，可說是已經進入「可以調整好自己看電視的狀態」階段。

專注力及耐久力，起初先從某件事開始鍛鍊，日後便可將這股力量移作他用。這類的特性稱為「擁有多功能性」。大家常說從事運動的好處是可以鍛鍊專注力及韌性，使身體產生協調性。「那個人平時靠運動鍛鍊自己，因此不容易氣餒」這種說法指的就是這回事。

因為一直在運動方面不斷地努力，因此即使在工作上遇到困難局面，也可以用強大韌性來克服難題。「韌性」、「專注力」、「自信」等能力都能「移作他用」。

在家長眼中，電視節目或許既愚蠢又無聊，就連孩子，一旦自己哪天覺得無趣時，可能就不再繼續看了。卡牌遊戲和玩具也是同樣道理。

不過，現階段**孩子相當喜歡，並且以認真的態度看待。這時孩子正在培養快樂的能力，也正在培養讓自己幸福的能力，更是正在培養讓自己喜歡上事物的能力，當然也在鍛鍊專注力及耐久力。**

如果能夠換個想法看待孩子的行為，就不會再因為「孩子不做作業，老是看一些沒用的電視節目」而感到焦慮了。

如果焦慮真的無法完全消失，至少能夠稍微冷靜下來了。

11

當孩子說「不想去上學！」時……

常用話語

不可以說
這種話！

↓

信任話語

原來你這麼
不想去上學啊。

位育有就讀小學一年級男生的媽媽，因為孩子不想上學而來找我面談。

媽媽說他入學沒多久就開始不想去上學，最近這兩個月每天都要軟硬兼施，孩子才肯出門上學。

爸爸和媽媽，尤其是媽媽因為這件事疲憊不堪，情緒一直處於煩躁狀態。儘管打起精神面對孩子，也總是立刻哭泣或發脾氣。我向這位媽媽提出建議，像這種狀況，即便尚未釐清孩子為何不想上學，家長及孩子必須先在家裡好好放鬆，讓彼此冷靜下來。

對孩子盡可能地不使用指示或命令話語。我建議她清楚地告訴孩子「我不會再逼你去上學了」。

開始執行後，這孩子早上不需要媽媽叫喚也會自行起床。只是，他每天早上都會詢問媽媽「今天不用去上學對嗎？」，每問一次，媽媽就回答一次「不去也沒關係。」

幾天過後，孩子開始乖乖地吃早餐了。在這之前，都要媽媽邊催邊吃。這樣的日子大約過了一個禮拜。媽媽打電話給老師告知孩子目前的狀況，通話結束後，孩子走到媽媽身旁對她說：

「妳跟老師說，我二年級也不會去上學。我永遠都不會去上學，絕對不會去！以後不用打電話來問我去不去了！」

孩子用久違的宏亮聲音，一字一句清楚地說出以上內容。

媽媽因為這番話而大感震驚。

是不是應該逼他去上學才對呢？雖然孩子不去上學之後恢復了精神，但是不是讓他誤會「以後都不去上學也沒關係」了呢？媽媽心裡滿是擔憂。

當孩子說出「永遠都不去！」這類話語，家長當然會覺得困擾、不安。

不過，大人所想的「永遠」跟孩子想的「永遠」其實大不相同。孩子經常把「我永遠都不要跟你講話了」掛在嘴邊，結果隔天還是跟對方玩在一起。

雖說如此，孩子口中的「永遠」絕不是隨口說說的敷衍話語。我認為孩子心裡的想法是**「討厭上學到永遠都不想去，現在也還是一樣的心情」**。

儘管如此，比起畏畏縮縮、扭扭捏捏地問家長「今天可以不用去上學嗎？」還是有精神地說出「我永遠都不要去學校！」來得好多了。正如我所說，孩子擁有使自己變得幸福的本能，一旦恢復精神，他們會自己思考接下來該如何是好，並且開始採取行動。

舉例來說，以下來找我諮商的案例，這些孩子每天早上越來越難起床，幾乎要演變成拒絕上學的狀況。

①當孩子說「我不想去上學，所以起不來」。

②「我很想去上學，但是起不來」。

這兩種說法，哪一種比較容易引發長期問題呢？

哪一種狀況比較容易奪走孩子的活力呢？

來找我諮商的家長，大家都認為「②的說法來得比較好」。明明孩子心裡想去學校，但可能因為身體出狀況，所以起不來，進而無法去上學。這是身體上出問題，不是心情出狀況。家長都認為這不是孩子的錯，所以可以接受。

而①的狀況來說，身體明明沒問題，都是因為孩子自己怠惰，或是因為其他理由而討厭上學，都是孩子本人的錯。儘管許多家長都認為無法接受這種說法，但我長期以來受理過大大小小孩子拒絕上學的諮商，想法卻與各位家長相反。

面談開始時，我會透過父母的話來推測孩子目前變得有多辛苦或是多麼沒有精神。我稱之為「假定」，指的是「掌握假定」。

當孩子說「不想去學校」時，判斷他們是否喪失活力，取決於是否能對家長

坦誠說出自己的真心話。某種意思來說，也是取決於孩子信任雙親能力的狀態。

像這種情況，只要針對家長應對孩子的方式提出建議，大部分都能解決問題。這裡所說的「解決」，並不是單純讓孩子重新回到學校。**若孩子在學校受過同學或老師霸凌的話，重新回到學校反而危險。**這裡提出的「解決」是，包括家長必須成為孩子的伙伴，讓孩子能夠安心地開始尋找下一個歸屬感及前進的方向。

但是如果孩子說出「我很想去上學，但是起不來」這種話，就成為不容易解決的狀況。當然其中有單純身體健康的問題，或是疾病造成的影響，但這種情形相當少見。大多數的例子裡，孩子其實頭腦裡都想著「不能不去學校」，但是身體、心靈都抗拒著不想去。相較於能夠主張「不想去學校」的孩子，說著想去學校卻去不了的孩子，通常很在意大人的想法，或是不想讓大人擔心；又或是父母關係不睦、需要照顧長輩等不想讓大人操心等情形比比皆是。

也有案例是在孩子演變到**「很想去上學卻去不了」狀態前，已經經歷長時間努力，耗盡所有力氣上學，導致身心俱疲狀態。**

我會告訴來找我諮商的家長，這種時候必須以恢復孩子活力為優先考量，孩子安心地在家休息後，獲得重新出發力量的案例也不在少數。

但是每當我這樣對家長說明後，通常會獲得「那你的意思是我家的孩子起不來都是我的錯嗎！」的反應，我在這裡清楚重述一次。

所有問題的源頭並不全出在家長身上。原因通常又多又複雜，想要找出一個特定原因實在難上加難。

儘管知道原因是導師出言不遜，但是班級上過半數的人仍然正常上學時，光是要想辦法改變導師的態度，就夠讓家長、孩子覺得疲憊不堪。

這與家長是否有錯毫無關係。**不管原因為何，家長能為孩子做的事，就是讓他們放心地留在家裡。**

這麼做可以讓孩子說出自己的煩心事、喪氣話，到最後能和家長撒嬌。**當孩**

子能夠對家長說出真心話、在安心的地方好好放鬆，藉此他們也能夠恢復活力。如此一來，儘管不知道孩子為何所苦，他們也可以自己開始重新出發。

當孩子不太願意上學時，先別急著解決眼前的問題。家長不用掛心**「必須想想辦法讓孩子重返學校」，只要溫情以待，接著期待孩子重新出發即可。**家長先了解有這種應對方式，就能找回育兒的樂趣，心靈也能獲得輕鬆。

覺得自己的孩子「可能有發展障礙」時

我在這裡簡短介紹發展障礙。來找我諮商的人，有多數案例與發展障礙有關。像是拒絕上學的諮詢，背後原因也與發展問題有關。

我本身不是發展心理與治療的專業人士。對於想了解什麼是發展障礙，會出現什麼特徵、症狀，家長應該如何因應，以及其發生的原因等的讀者，可以參考《兒童精神醫學》（瀧川一廣著／醫學書院出版）等解說書籍。不過，即使自己的小孩出現令你在意的狀況，也請小心不要盡信書籍、網路、父母或朋友的話。

最重要的在於要和小兒科家庭醫生、幼兒園的老師；上小學後則和導師與輔導室的老師仔細討論，以獲得正確資訊。

因為他們是從事幼兒相關第一線工作的專業人士，可以提供給家長許多資訊，例如關於孩子的問題是否需要洽詢專業機構，或者居住地區哪裡可以接受這類諮商等等。各位可以把身為家長的不安誠實以告，尋求專業人士幫助。

另一方面，以下為各位家長介紹常見的「錯誤因應」方式。

①家長已經心生疑慮，卻以「問題尚未浮上檯面」、「導師沒有跟我們提過」等理由來假裝自己沒有發現問題。

家長是孩子身邊最親近的人，總是會第一時間察覺孩子的不舒服狀態。如果家長不站在孩子這邊，孩子會更加痛苦。如果真的發現發展障礙，盡早發現給予適當的處理方式，可避免無謂的傷害。

②已經發覺自己的孩子有發展障礙的現象，家長試圖用自己的方式（透過網路搜尋或是讀相關書籍）來使孩子克服缺點或不擅長之處。

為了使孩子克服不擅長之處，一般人常用的方法是「讓他習慣就好」。像是為了「鍛鍊」不喜歡嘈雜聲及人群的聽覺過敏孩子，會刻意把孩子放在上述環境中要求他忍耐；強迫不喜歡青菜的味道而無法食用的孩子勉強吃下青菜也是常見案例之一。

發展障礙的孩子所認知的「不喜歡」，就本身而言，可能不單純是胡鬧或任性，對他們而言或許已經達到「無法承受的痛苦」等級了。況且，自己最信賴的家長強迫自己做這些事，也有可能造成他們心靈受到傷害（心理創傷）。

3種主要發展障礙及家長對應方式介紹。

我在諮商時常遇到的發展問題，大多都是ＡＳＤ（自閉症類群障礙）、ＡＤＨＤ（注意力不足過動症）、ＬＤ（學習障礙）等3種。

而這些障礙都可能造成親子間的沉重負擔。

(1) ＡＳＤ（自閉症類群障礙）

ＡＳＤ是指孩子有強烈堅持、感覺刺激過敏現象，並且在社交方面（與他人溝通互動）產生問題之發展障礙。過去在ＡＳＤ案例中，語言及認知能力沒有問題的話，會歸類於高功能自閉症（人際互動能力較低類型）與亞斯伯格症候群（與他人互動尚可但溝通方式具有自我個性）兩種類型。

這類的孩子，因為認知能力高，經過自己一番努力後，勉強可以適應團體生活。但也因為比較不容易出現障礙表徵，所以要等到上小學後，孩子無法參與團體行動，無法理解別人的弦外之音，或是說一些無厘頭的話，才會使人產生有發展障礙的疑慮。

這些發展障礙都有共通之處，那就是家長拚命忽略這些發展障礙的表徵，一味地用自己的方式處理，導致親子雙方都過得相當辛苦，這類例子時有所聞。

許多案例都指出孩子因為受父母拿自己和其他孩子比較而變得悲觀、低落，這比障礙本身更容易使孩子發生不幸的狀況。

當要孩子做一些他做不到的事時，孩子會耗費許多時間在這些事情上面，喪失原本兒童期該有的經驗，比如無法在遊玩中體會快樂感覺等諸如此類的風險。

又或是很多家長喜歡出手干涉，要喜歡自己獨處的孩子，像其他孩子多和大家一起玩。當然家長會覺得孩子很孤單很可憐，也擔心將來不知道會不會因為這樣受人欺負。

但實際上，孩子並未如家長想像般不幸，甚至跟其他人在一起，反倒使孩子更躁動、更痛苦。許多案例指出，讓孩子獨自安靜過生活，有益於孩子心靈的成長。

希望孩子克服不擅長之處，請務必求助於相關領域的治療專家。家長請不要使用自己的方式，必須確實執行專家所給的建議，切勿操之過急。我認為以長遠之計來看，家長挹注心力使孩子感到開心、放鬆，對家長、對孩子都是一件好事。

讓孩子喜歡這個世界，遠比要孩子做到原本做不到的事情來得重要。讓孩子喜歡活在這個世界上，這對每一個孩子來說都是必須的，對有發展障礙的孩子尤其重要。

(2) ADHD（注意力不足過動症）

每個孩子成長程度不盡相同，比較活潑的男孩會提早受到家長以嚴厲的態度對待，自我肯定感會因此開始降低。活潑、好奇心旺盛、對單一事物的集中能力等這些與生俱來的優點，也因此難以茁壯成長。

「別人家的孩子都做得到，我家的孩子要等到什麼時候才可以……」我非常能夠體會家長著急的心情。但是，我建議各位家長可以抱持——孩子只是先行發展行動力及好奇心，而自我控制的能力只是較晚啟蒙——這種態度與孩子相處。

如果孩子經常做出衝動性行為，或是無法好好聽取大人說的話，我也會建議家長前往醫院請醫師診斷，及早接受服藥治療。

同時，也有其他專家提出這類情形不需要服藥，重要的是家長必須打造出讓孩子能夠獨立完成所有事情的環境，並且陪伴孩子給予支持協助。

與數十年前相比，當今生活在都市的孩子，特別容易受到家長強烈要求，必須配合周遭環境，過著井井有條的生活。

從原本踩著田野小路上學，在草原與空地遊玩的時代，如今轉變成住在公寓大樓每天到補習班學習的時代，孩子的生活環境已經出現大幅改變。

因此有專家表示，過去如果在班上出現「靜不太下來的孩子」都容易被診斷成ADHD。

我所遇過大部分的案例，包括我自己的孩子，他們的自我控制能力後來漸漸地趕上進度，並且持續成長。在那之前，請務必守

護孩子的自尊心。與其拚命要求孩子做到他做不到的事，不如以「不久後就會了」的從容心態陪伴孩子，可以使孩子的能力發展得更好。

(3) LD（學習障礙）

學習障礙較為顯著的孩子，症狀通常一目了然；僅有輕度障礙且聰明的孩子，會努力自我面對障礙，因此延誤發現時機。**比如說明明看不懂文字，但是依靠其他同學讀出的聲音來背誦，花費比其他孩子多數十倍的努力來克服障礙。**

發生這種情形，明明孩子認真上課、毫無怠惰，但導師及家長還是會給予低評價或斥責孩子，對孩子造成二度傷害。

來找我諮商的拒絕上學案例中，有好幾個孩子在仔細詢問後對我坦承他們看不清楚文字，具體一點的說法是「明明視力不差，但有部分的文字難以辨識」，結果他們都有LD學習障礙。

像這樣的例子，站在孩子的立場，他們其實不清楚其他的孩子看到什麼內容。他們也會很疑惑「為什麼自己明明跟大家一樣，讀本書怎麼會這麼難呢」或是「為什麼自己寫字這麼不好看」。

無論哪一種情形，過去曾訓斥過孩子「字再認真寫得更漂亮一點」或是「多讀幾次就會更熟練」這些話的家長，只要誠心對孩子道歉「這不是你的錯，是我誤會還對你生氣，對不起。」幾乎所有案例中的孩子都能恢復活力，並且開始配合治療（依照孩子不同個性提供讀書與算術等指導）。有個ＬＤ的孩子對我說「真高興爸爸媽媽能夠了解我的感受」。

即便到了現在，還是有許多ＬＤ孩子會因為老師誤會自己是個「怠惰的孩子」或「不夠聰明的孩子」而覺得自己一無是處。在西元２０００年左右，知道ＬＤ這種障礙的老師仍在少數。但是現在研究ＬＤ發生原因以及治療方式仍在持續進步中，大眾也已經更加認識ＬＤ這種發展障礙。我很推薦各位閱讀《我才沒有偷懶！——為了防止孩子害怕讀書、寫字、記憶》（品川裕香著／岩崎書店出版）等系列作品。

近期對於這類孩子的支援體系正一點一滴建立起來，能夠因應的醫療機關也越來越多。治療方法的研究也持續進行中。像是在平板上可使用的語音輸入法及朗誦功能等等，許多協助學習的３Ｃ產品也變得隨手可得。

即便如此，對孩子而言，家長仍是孩子最信任的靠山。對他們來說，感受到家長願意支持自己的心情，才是面臨困難挑戰時最重要的支柱。

無論孩子有無發展障礙，我認為家長第一時間提供支援讓孩子喜歡生活在這世界上、在家裡好好放鬆，以長遠目光來說，就是讓孩子更幸福的方法。

12

當孩子邀你一起運動時……

常用話語

要做的話，
就要認真做好

信任話語

這看起來很好玩耶！

這是朋友的故事。朋友7歲的兒子想跟爸爸一起玩傳接球遊戲，於是爸爸帶他去買棒球手套，在自家附近的公園開始玩了起來。

這位朋友因為學生時期曾打過棒球，所以一直很期待能和兒子玩傳接球的日子到來。

好不容易等到玩耍的日子，朋友父子倆在公園開始玩傳接球後，爸爸卻開始對兒子的拿球、投球、接球方式有意見，最後忍不住針對每個細節熱誠地指導了起來。

一開始興致勃勃的兒子對爸爸說：「我的球可是很強的喔！」過沒多久就一臉洩氣地說：「我要回家了」。朋友這時候才終於驚覺「糟糕！指導過頭了！」卻為時已晚。

隔一週，朋友試著邀兒子「要不要一起玩傳接球」，卻換來兒子一聲「絕對不要！」斷然拒絕，朋友也只能望球興嘆。

我經常聽聞這種類型的「失敗」。

當孩子想開始進行某些事時，有些家長總是抱著「想讓孩子快點進步」，或是「起步最重要，一定要打好基礎」等這類不正確的「教育型」思想。此時如果可以輕鬆地看待孩子接下來的發展，無論孩子或家長一定可以相處得很愉快。

最重要的是，讓孩子喜歡上這些事物，這才是家長要努力的目標。

孩子們現在正如何面對眼前的全新體驗呢？他們有什麼樣的感受呢？請家長也試著與孩子們同步感受。

例如，即使家長給出建議，讓孩子找到容易上手的訣竅，孩子本身也不會放過自己尋找的快樂。也就是說，家長可以選擇「讓孩子一直做不好」。**請千萬不要剝奪孩子自我嘗試失敗，靠自己力量重新找到答案的體驗機會，也請不要干涉孩子自己學習成長的過程。**

當然，如果孩子主動要求「教我」的話，可以稍加提點無妨，但請特別留意不要過度堅持己見。

孩子不需要人家指點，自己也可以從失敗經驗中找到修正方法，家長該做的是放手讓孩子在身邊的大人與同伴間教學相長，慢慢增加自己做得到的事情。

透過孩子擁有的成長能力以及自己一步一步完成事情，家長也可以再一次從中學習到相信孩子的意義所在。

13

當孩子希望你為他增加自信心時……

常用話語

你好棒喔！
這麼厲害的事情
也做得到耶！

↓

信任話語

現在的你
就很棒了。

位育有小學一年級生的媽媽來找我諮商。

每次來諮商時，媽媽都會問我以下的問題：

「我們家的哥哥，運動實在不太行。我想要幫他找一位體育家教，也想讓他參加童子軍的露營活動，希望他可以增加自信。不過他一定不肯，家長覺得對孩子好的事情，孩子如果不願意，是不是不要強迫他們比較好呢？」

每個孩子都擁有屬於自己的自信。

這些自信是孩子與生俱來的，與大人有沒有看到確實根據（證據、事實）毫無關連。以這對親子為例，即便孩子（被迫）參加了童子軍露營，也不會因此「根據」而產生自信。這是我多年來接觸過許多案例，以及長年在遊戲社團陪伴孩子玩耍所得到的親身體會。

以足球為例，在球隊中踢得最好的孩子，進了選拔隊後，不一定就會名列前茅；再上一級進入縣代表隊後，通常會發生孩子因為跟技巧優於自己的人比較，自信因而漸漸消失的情況。

在大人眼裡，或許會覺得「已經到了這階段哪有什麼問題？」。我來舉個極端的例子，即便已經成為日本代表隊隊員，當與外國隊伍交手時，看到能力比自己更上好幾層樓的選手時，一樣會喪失自信。這一點不論是在課業上或是音樂學習上，道理都是相同的。

各位覺得需要根據的自信及不需要根據的自信，哪一種比較強而有力呢？答案顯而易見，不需要根據的自信來得強大許多。

需要理由的自信，只要成為理由的事實消失，自信也會伴隨著失去。這種自信只要一失敗，或是沒有達成預定目標就會消失。

另一方面，不需要根據的自信，類似一種預感或信念。莫名地就覺得自己總會有辦法完成。一定會有好事發生。就是這種感覺。

你身邊是否也見過這樣的人？明明已經手握人人稱羨的學歷、地位、財產、健康，看起來卻不太幸福的人。

同時應該也看過遇到眾多困難，生活上有點辛苦，但是常保元氣，行事風格大剌剌，看起來相當幸福，對人也相當親切有禮的人。

當然這些可能是天性使然，即便如此，孩子遠比大人樂觀。

與孩子相處上，讓孩子常保樂觀，培養孩子內在核心部分，讓孩子可以「莫名地覺得會有好事發生」。

大人無須告訴孩子眾多成功經驗，只要接受孩子原來的樣子，這種培養內在核心的方式雖然看似簡單，但我認為其關鍵在於必須用勇氣及耐心與孩子相處。

不需要根據的樂天性格；不需要根據的自信。這些重要的特性，可以在孩子長大成人後，保護他們免於落入憂鬱及自殺的魔掌之中。

14

當孩子堅持做
父母覺得不妥的事情……

常用話語

你這麼做
是不對的。
因為……

↓

信任話語

可以充分
表達自己的意見
很不錯。

育有就讀小學一年級男生的媽媽來找我諮商。「我家的小孩很乖，可是不會拒絕不想做的事。他們班上的同學命令他去罵其他同學，他就照做了，結果被老師責罰。我問孩子詳細情形，孩子說：『其實我不想罵同學，但我不敢拒絕。』要怎麼樣才能讓孩子拒絕自己不想做的事情呢？」每個暢所欲言的孩子有一個共同特徵，即為對家長毫無忌憚地說話，而不敢暢所欲言的孩子，則是對家長百依百順、言聽計從。尤其會「使家長不開心」的話語，更是難以啟齒。

如此一來，想要養育出能夠暢所欲言，直接表達出心裡想法的孩子，**家長要在意的事情其實十分單純。當孩子說出自己的想法時，家長首先要強烈給予認可感，可以回覆孩子「你說出來了」、「你表達出自己的意見」等話語。**

這種作法經常會遭人誤會，**給予認可感與全盤接受、贊成孩子所說的話，兩者間其實大不相同**。當家長對事情持有不同意見時，只要對孩子說出來即可。

家長所認可的不是孩子說出來的內容，而是孩子表明意見的行為。雖然「誇獎」也可以用來表現家長這種作法，但我認為以**「表示關心」**一詞來代表更為適合。家長有許多種表示關心的說法，例如**「喔——你的說法很有趣喔」**或者**「原來你是這麼想的啊」等等**，這些話把家長對於孩子能夠把想法化為言語感到喜悅的心情表露無遺。

這一點在未來遇到孩子第二個叛逆期——青春期時，會是對家長相當有益處的心理建設。孩子上了中學後，也會變得跟家長一樣聰明。

儘管如此，家長的知識仍然比孩子淵博。孩子需要相當大的勇氣，才能說出和家長不同的意見，以對立的思考來面對父母（或說頂撞父母）。

大多數的情況下，家長都會認為自己的想法都是對的；孩子的想法既膚淺又魯莽，並且缺乏根據。不過，家長大可以把這種時刻當成一種「機會」，好好地記在心裡。

我自己曾有過好幾次經驗。孩子賭氣時說出家長覺得不妥的言詞，此時家長都會開始擔心「為了這孩子好，得好好糾正他才行」，結果連家長也跟著賭氣回覆了不好聽的言詞。

但是，在孩子的世界裡，起身反抗在自己生命中無比重要的家長，也是經過一番痛苦才下的決定。因此，家長必須寬容地認可他們表明意見的勇氣，而非贊同他們所主張的內容。如此一來，孩子便可以培養出捍衛自己主張的能力。

對孩子來說，**重要的並非「說出正確事物的能力」，而是「無論對錯都能表達自我想法的能力」**。

儘管是錯誤的想法，只要開口告訴對方，對方極有可能會協助自己修正。但是，如果沒有接觸過外面的世界，孩子無從得知何謂對錯。

家長正是他們練習的好對象。**對家長來說，只要為了孩子好，「吃虧就是占便宜」啊。**

如果真的無法贊成孩子的意見，家長只要適度提醒就好。

但這不代表和孩子辯論過程中要「駁倒」孩子的說法，**而是把孩子願意說出缺乏根據的意見，當成一件喜悅的事給予認可與支持才是最重要的事。我想，這才是家長送給孩子最大的禮物。**

萬一日後孩子又賭氣地跟你起了爭執，請務必回想起這個說法，可以讓你的危機變成轉機喔。

「對父母言聽計從的孩子」也會出問題

經常有家長因為孩子總是不聽大人的話、不夠順從、叛逆等情況來找我諮商。

孩子對家長百般順從的好處，大家都很清楚。

像是傳達知識時十分容易又確實，家長擁有豐富的人生經驗，也熟知這個世界的事情，家長把自己所學傳達給孩子再自然不過。孩子願意認真聆聽並且理解後吸收成為自己的知識，當然比不願意這麼做的孩子好照顧。

這種孩子也很認真聽從老師的指導，所以可以輕鬆解答問題取得好成績，就連運動成績也會比一般人優異。

但是，不聽大人的話、不夠順從甚至叛逆的孩子，他們展現出來的這些姿態並非全是缺點。

他們對自己的想法十分堅持，因為堅持所以無法聽取家長的建議，這充分表現出孩子擁有闡述自我主張的能力。「不想做的事情就不做」這種姿態在家長眼裡可能是怠惰的行為，但若試著想成孩子正在「闡述自我主張」的話，看法也會隨之改變。

在家長眼中，孩子的欲望可能只是一種

任性、不成熟，以自我為中心的想法，但這些對幼兒而言相當重要，**這將成為他們的內在核心，成為他們想要達成某些事情的起源。**

當家長培養出聽話乖巧的孩子時，或是孩子本身在意家長想法而讓自己成為「乖孩子」時，往往會過度壓抑自己的欲望。這種孩子在家裡受家長照顧時不會有明顯問題，但上學之後，要在學校及同伴關係之間自保就會十分辛苦。像是在小學低年級時，在老師管控之下，這類孩子通常會成為班上的領袖，因為他們很聽老師的話，又有自我控制能力。但一旦進入高年級，老師管控力不再時，便有受到開始獨立的同伴排擠之危險。

這幾年來，在我經營了15年的兒童遊戲社團（主要在體育館裡踢足球）裡，和小學生相處過程中，年年都會出現這種情況。

低年級時，在同伴間擔任領導角色的孩子往往會成為足球主將，但升上五年級左右，大家開始取笑他的過度認真，甚至開始排擠他。遭排擠的孩子感覺上從小就缺少一些孩子特有的小聰明、堅韌以及反抗大人的心理。

回歸正題，當家長覺得孩子一直不聽大人的話、不夠順從，甚至叛逆時，我希望各位能回想起這段話：這種**「放肆」在孩子成長過程中，與朋友相處上佔有十分重要的地**

位。與孩子相處時，請各位家長千萬記住這一點。

我所說的並不是要家長「全盤接受孩子耍任性」或是「不能糾正孩子放肆的說話方式」。

我是要提醒各位家長，孩子出現這類的言行舉止並非全是壞事，如果強力制止他們，反而會造成反效果。

牢記這一點意味著，當您遇到與朋友發生摩擦等的困難情況時所發揮的力量，在教養孩子上也能有所助益。

15

當孩子試圖以自己的玩法玩玩具時……

常用話語

這樣玩，
玩具會壞掉喔！

↓

信任話語

好可惜喔，
玩具壞掉了。

早知道就不要帶爸爸來了！

這是出自落語中一個名為「初天神」的段子，結尾時孩子對著玩風箏玩到忘我、遲遲不肯換手的父親，口中喃喃有詞說了這句話。以前，我也曾遇過和這個落語故事相同的事情。

某年冬天，我和就讀小學一年級的么兒，到住家附近的公園放風箏。前一天，我到附近的超市購買晚餐食材，結帳時，孩子看見櫃臺上方吊著風箏，於是要求我購買。兒子知道風箏長什麼樣子，但卻第一次看到實品。「我想要這個！」孩子堅持要買。吵了一段時間，無計可施下只好買一個給他。那是個常見的三角形塑膠風箏。孩子開心地帶回家，連睡覺時也放在枕頭旁邊。

隔天一早，平時習慣賴床的孩子早早起了床，吵著說「我們去放風箏吧！」外頭天色未亮，而且氣溫還在零度以下。但是好說歹說，孩子都不聽，他已經從袋子裡拿出風箏準備組裝，迫不及待地打算自己完成所有事。風箏的骨架都還沒裝好，他就拿著線軸準備衝出門去。

這孩子平常都在家打電動，難得說想到外面玩，所以我也下定決心，帶著孩子出發去公園。孩子等不及我組裝，也沒聽清我的說明，自己拿著風箏跑了起來。我心想，他玩得高興就好，於是我在旁看著他用自己的玩法玩了好一陣子。

這時，其他爸爸也帶著小孩來到公園。有個男孩看到我家孩子手上的風箏後，對自己的爸爸說「我也想要風箏！」不久，爸爸騎腳踏車載著孩子離開，買了和我家同樣款式的風箏回到公園。那家超市一早就開始營業了。

這孩子像我家孩子一樣，站在父親身旁開心地說著「耶！讓我拿！讓我拿！」

但是那位爸爸跟我不同，個性似乎比較嚴謹，打算完美組裝出風箏，他仔細讀著說明書，正確地加上決定平衡的砝碼。男孩在旁邊一直說「快點給我玩！」但爸爸還是不疾不徐、謹慎處理。

好不容易組裝完成了。我心想終於要給孩子玩了，但緊接著爸爸慎重地把風箏放在地上，然後慢慢放線、走離風箏，拉開一段距離後，轉向我們，衡量著起風時機，一舉拉起風箏。風箏高高地飛起，翱翔在天際。

男孩難掩興奮，在爸爸旁邊跳上跳下說著「換我！換我！」，不過爸爸仍然小心翼翼。

「等一等。」父親用手擋住男孩，另一隻手繼續放線。

這天風一陣一陣的，風向也不停地改變。那對親子，應該說那位爸爸的風箏，一下子飛得高，一下子又快要掉下來。爸爸努力一面繞著線，一面試著奔跑，但風箏仍然掉了下來。那位爸爸把風箏放在地上，又高高拉起，重複了好幾次，風箏最後依舊無法保持穩定飛行，掉落在地面上。

孩子一直大叫著「啊——讓我玩啦！」

這個公園佔地廣闊，周圍種滿櫻花樹，因為風箏線放得很長，每次風箏掉落時都差點卡在櫻花樹上。最後，爸爸對男孩說：「今天的風不太適合放風箏，我們先別玩風箏吧。」

此時，男孩看起來早就放棄了。

因為在意那對親子的互動，所以我的目光都在他們身上。突然想起「我家的孩子現在在做什麼？」環繞四周後，有幾個人聚集在距離我稍遠的地方。因為我家孩子的風箏卡在櫻花樹上，帶寵物來公園散步的人和路人正在聯手幫他取下來。

順利取下風箏後，孩子拿在手裡朝我跑過來。他把傷痕累累、使用過度的風箏拋給我後說：「爸爸你先帶風箏回家，我再玩一會兒就回去！」說完，又跑了出去。

我可以想像男孩的父親原本的目的，他應該是想把風箏順利放飛後再交到孩子手中，讓孩子抓著高飛的風箏，體驗「風箏飛得好高」的氣氛。

可是我認為孩子世界裡的放風箏體驗，跟大人想像的不一樣。首先是買風箏。從發現到纏著大人「買給我、買給我」，然後珍惜地帶回家，睡覺時放在枕頭旁邊，睡前心中無限期待著「明天要去放風箏嘍！」隔天早上迅速起床，開心地拿著風箏去公園；用力拆開塑膠袋拿出來組裝，因為組裝得不太順手，一下子弄破，一下子重貼貼紙；手上拿著風箏到處跑，一下子又卡在樹枝上；爬到樹上取下風箏，或是用木棒把它戳下來；風箏線不停地纏在一起，努力試著解開。

我認為對孩子而言，以上所有的經驗都是「放風箏」。

或許在家長眼裡，這樣不是正確的玩法，但我想在孩子的世界裡，所謂的放風箏體驗，其實也包含各種操作上的錯誤，只重視「能不能放成功」的話，實在太可惜了。

第 4 章

9～12歲

進入青春期的時期

他們會不再偏向父母，
而是受到同伴思考方式及行動吸引。
此時家長請成為孩子的「練習對象」，
讓他們練習如何在老師或同伴間
平等地表達出自己的意見。
這正是父母與孩子的關係從
「保護及被保護」
開始變化成更加平等關係的時期。

16

當孩子一直不寫作業……

常用話語

功課寫完沒？

↓

信任話語

我什麼時候可以跟你講話呢？

家長不叨唸孩子，可以培養出孩子的自發性。一位育有就讀小學五年級男生的媽媽，一直記得這句話。

過去，他們家的情況是家長會在孩子開始行動前出聲催促，但孩子往往一聽就露出厭惡的表情，然後默默地離開現場。

媽媽每次都對孩子說：「因為我不說你都不動，好意提醒你，非但不感謝我，還擺個臭臉給我看。」孩子聽了更是一肚子火。

但是，一次又一次的提醒，一點也沒有改善狀況，於是媽媽下定決心，想試試看如果都不提醒孩子，究竟會發生什麼事。如同我之前介紹過的案例，採取同樣行動。

停止指揮孩子的行動，先以讓孩子放輕鬆為努力目標。

開始實行後，經過了幾天。

時間已經接近晚上九點，但孩子一直在客廳看電視，遲遲不寫作業。媽媽忍不住像之前一樣開口提醒「要不要去寫功課了？」過去的經驗裡，孩子這時候會忽略媽媽說的話。但是那天晚上，孩子回嘴了：

「現在是我洗完澡的放鬆時間，妳幹嘛挑這種時候講功課的事！」

孩子的反應出乎媽媽意料，驚嚇之餘媽媽只好喃喃著「啊，這樣啊，抱歉……」然後退到一旁。

自那之後，不管何時跟兒子講話，孩子都會口氣不好地回應：「現在電視演得正精采耶！」或是「我剛決定好要去寫功課了！」

結果現在這位媽媽只能怯懦地詢問孩子「媽媽什麼時候能跟你說話呢……」

像這類互動情形，在決定不叨唸孩子的家庭中，可說是司空見慣。過去家長和孩子從來不曾好好溝通，直至這時才開始出現屬於雙方間的溝通方式。孩子也從這時開始練習，當自己無法順應對方要求時，該如何用反駁的方式來表達自己心中的想法。順帶一提，這就是近年來大家越來越看重的「自我肯定（自我主張）訓練」。

這種情況下，**請媽媽盡可能冷靜地和孩子溝通，說出自己的想法及原因，盡量避免加入負面情緒**，努力做到不對孩子生氣或威脅。

這也是媽媽以身教告訴孩子**「遇到談判場合時自己應該如何行動」**的表現。看過家長行動的方式，孩子在學校或許就可以免於遭受霸凌威脅。

此外，也能讓孩子學會未來在學校、職場、家庭等場所，遇到與對方意見不合時，應該如何與對方談判交涉。

某種意義上，比起順應家長叨唸而不甘願地去做事，對家長稍微有些抵抗態度反倒獲得的更多。另外還有一個好處是可以改善家庭氣氛，不會再像之前那樣低迷。

家庭理應是孩子學習這類溝通技巧的場所，但在日本傳統中總是受到忽略。

不過，可以確定的是，**在今後孩子生存的社會中，具備交涉能力以及保護自己的對話能力等相當重要。**

這位媽媽對我說：「以前和孩子相處時那些『該提醒何事』或是『該何時提醒』的焦慮消失後，頓時輕鬆不少。然後，也重新發現到孩子成長的諸多細節，這是過去那種相處方式無法發現的。」

自從不叨唸孩子後，大約經過了兩週時間。即便孩子看電視看得很晚，媽媽也終於可以在旁平靜地看待孩子所有行為。

過了晚上9點，孩子終於準備開始寫作業時，突然聽到他喃喃自語「糟糕！我數學作業忘了帶回來！」媽媽聽了這話，心裡想著「要是早點發現，就可以去跟同學借了！」雖然媽媽很想開口，但還是忍住在旁靜靜觀察。

結果孩子自己打電話給同學跟同學商量：「明天一大早我會去你家，借我數學作業，30分鐘就好。」孩子講完電話之後走向媽媽，主動請媽媽幫忙。「幫我傳個訊息給●●（商借作業的朋友名字）媽媽，不然一大早6點去他家，他媽媽可能會覺得很奇怪。」

「喔！考慮得很周到嘛。」媽媽覺得很欣慰。時間這麼晚了，的確不能去向同學借作業，但是孩子自己努力想出辦法，同時也用他自己的方式顧及對方家長感受。

媽媽沒有想到原來孩子可以做到如此程度，還說這類情形不時會出現。「之前我不停叨唸孩子的時候，不僅沒有了解他的能力所及範圍，也沒發現他其實會用不同於大人的方式來挽救失敗。**原來他也擁有這些出人意料的強項**，最近我真的是對他刮目相看了。」媽媽開心地對我說。

17

當孩子看電視看得很晚時……

常用話語

你看電視
要看到幾點！

↓

信任話語

我先睡嘍。
晚安！

「趕快去刷牙！」或是「功課寫了嗎？」**這類指揮孩子做事或確認完成度的話語稱作「操縱式對話」**。

而「今天玩得很開心」或是「新的腳踏車看起來很好騎」**這類傳達思緒及想法的話語稱為「交流式對話」**。

如果有家長來找我做孩子拒絕上學的諮商，我幾乎都會給出相同的建議。即「跟孩子進行交流式對話。然後盡可能避免說出『快去做～、不要～、～做了沒』等等操縱式對話。」我會給出這種建議是因為我長年提供拒絕上學等案件的諮商服務，察覺到下列事實。

拒絕上學、問題行為、厭食症……孩子顯現於表面的問題儘管有千百種，但這些孩子的家長幾乎都有共同的特徵，**他們在家裡和孩子的溝通方式大多採用「操縱式對話」，而鮮少出現「交流式對話」**。

這類型的孩子在家裡總是接收家長的指揮、命令或再三確認的話語，因此孩子在家完全無法放鬆，家長也無法好好享受和孩子相處的時光。

請家長減少出現操縱式對話，盡可能有意識地使用交流式對話的目的在於，讓孩子可以在家裡好好放鬆。**在學校努力學習或提升運動表現，但是在家裡可以完全放鬆。這件事必須徹底執行**。只要做到這點，孩子的狀態就會產生巨大變化。**孩子恢復活力的能力以及「回復原貌」的能力和大人相比高出許多。**當然我不否認，管教的確很重要。但是大部分走到拒絕上學地步的孩子，活力已經大不如前。

因此在管教之前，必須以讓孩子充滿活力為優先考量。為此，首要目標即讓孩子在家裡可以完全放鬆，藉此恢復活力。

每當我說明完畢後，大部分的家長都會擔心「這種對待方式真的可行嗎？」這時候我會舉很多例子，說明使用這種對待方式後，孩子會發生何種具體變化。

這跟看病拿藥時，藥師會先提醒患者「吃了這種藥會出現這些感覺喔」的情況類似。

家長如果能夠溫情以待，也就是減少指揮或命令話語的話，每個孩子身上出現的變化都會十分相似。

例如孩子看電視時**變得會大笑出聲**，這是因為他已經可以安心觀看電視了。家長也會發現**「這孩子看電視能笑得這麼開心啊」**。

在這之前，每次孩子看電視，家長可能都會對孩子說「你還要看多久電視？」或是「這段看完就不要看了，趕快寫功課！」

孩子雖然正在看電視，但會假裝自己沒在看。他們會保持安靜，側眼看著電視。他們認為要假裝電視很無聊才行。如果笑得太大聲，爸爸媽媽會生氣，不但會口頭告誡，還會關掉電視。

如果家長減少告誡，情況就完全不同了。孩子變得能夠放心大笑出聲。

「醫生對我說過『孩子』會變得愛笑，**但我覺得連我自己也變得笑口常開了**。前陣子我先生對我說『妳有這麼愛笑嗎？妳最近連看廣告都會笑耶』。」有位媽媽和我分享以上情形。

當決定「不再告誡提醒」之後，家長也會頓時鬆一口氣。過去總是煩惱著「該怎麼提醒呢？再忍耐幾分鐘好了」，每次都很猶豫開口的時機，精神一直很緊繃。

但是，當決心不再提醒後，因為不能出口告誡，不管孩子看到凌晨甚至1點，因為家長已經做好覺悟「不管看到幾點都沒差了！」所以完全不需要猶豫、煩惱這些事情。做此決定，獲得了相當大的好處。

和孩子相處的時間真的很短暫，我覺得把如此短暫的時間都花在叨唸孩子上，實在太浪費了。

為了徹底克制自己不叨唸孩子，也可以選擇這個方式。

反過來讓孩子提醒自己。

家長可以對孩子宣言：「我去諮商時，顧問跟我說『如果我叫你快去做什麼，或是不行做什麼，會害小孩失去活力。』所以媽媽從現在開始努力不說這些話了！」

「如果我叨唸你的話，你要提醒我喔。」由家長主動拜託孩子。如同我先前介紹一般，當家長不再叨唸後，孩子會變得更愛笑，但另一方面也會變得更愛生氣或愛哭。

這是因為孩子**開始變得坦率了**。原本處於緊張狀態的孩子，變得可以放鬆、表現直率。即使是國中或高中男生，也會因為跟家長吵架而落淚。家長看到孩子如此變化也十分吃驚。

面談時，一開始我就會告訴家長，接下來會發生這類的事情，因為如果我沒有事先說明，家長多半會感到驚訝。

孩子原則上都喜歡父母，孩子想對父母說出心裡的話，也希望父母傾耳聆聽。

當孩子願意對父母說出自己的思緒，而父母也不再叨唸而是告訴孩子自己的想法時，便能大大地促進親子關係。

多數家長都會發現「我家的孩子原來比我以為的更可靠。」

對孩子的印象也會從必須時時刻刻照顧的「弱小存在」轉變成「相處融洽的

可靠年輕伙伴」。

我覺得這一點正是對孩子使用本書所介紹的「信任話語」所帶來的重要收穫。

陪伴孩子「遊戲」的意義

孩子說的話其實很有趣。這是發生在我家么兒小學三年級時的事，當時是炎熱的夏天，我們一家人（夫妻＋三個哥哥＋么兒）一起開車去採買，回程因為時間不趕，所以我們繞了一條平常不會經過的路，經過某個公園時，么兒突然說道：

「去那個公園玩玩吧！」

那是個住宅區附近隨處可見的公園，裡面有著大型造型獨特的遊具，看起來很有趣。我想么兒可能覺得明明沒自己的事，卻得一起搭車外出而感到無聊吧。

雖然我和太太不趕時間，但那個公園真的很普通，夏季日照強，氣溫也高，所以打算盡早回家。雖說如此，我們還是下了車進公園玩耍。

三個哥哥都是高中生，早已超過在公園遊玩的年紀，但依然陪著么兒一起玩，利用遊具玩著捉迷藏或是盪鞦韆。

一家人大約玩了20分鐘左右。結束後，我們到附近的便利商店買飲料，大家一起在樹蔭下享用。

孩子說的話真的很不可思議。「去那個公園玩玩吧！」」雖然孩子邀請大家，但其實是自己想玩。

這句話聽起來雖然像是「我可以在這裡玩一下嗎？」其實並非如此。孩子真正的意思是「大家一起去玩吧！」「爸爸、媽媽、哥哥們也很想玩吧！」我想他應該覺得家人也像自己一樣想要玩耍吧。

我認為他成功喚醒了存在於大人身體裡的那顆赤子之心。

我特意寫出這些微不足道的小故事，是希望提醒忙碌的爸爸媽媽**能夠在意這些看似無趣的小事或是孩子所說過的話語，日後回顧時，這些事情都會成為家長的寶物。**錯過這些點點滴滴，未免太可惜了。

我並非要求家長順應孩子每一次的要求，這種事根本不可能做到。但如果能夠偶爾配合他們的提案，我想也能帶給家長本身滿滿的幸福感。

每逢活動或旅行，雖然能讓孩子玩得很開心，但是家長的事前準備往往辛苦對吧。

相反的，如果全力配合孩子提出小小的「遊玩」，像是搭火車出去玩，或是大排長龍吃拉麵，這些活動不需要花費大筆金錢，卻能讓孩子超級滿足。

孩子的滿足感是來自於覺得家長願意配合自己的提案，而且也玩得很盡興。

我家么兒現在是國中生，看到公園的遊具已經不會吵著要「進去玩玩吧！」幾個哥哥也已經離開家獨立生活。回想起來，那次臨時起意，是我們全家人最後一次一起在公園玩了。

每次經過公園看見小小孩們遊戲的身影，都會令我憶起那個夏天我們一家人在公園玩耍的回憶。

18

當給予其他孩子協助，對方卻未道謝時……

大家容易這麼想

他的家長
是怎麼教養
孩子的……

↓

換個想法更開心

**能夠幫助
有困難的
孩子很幸福。**

位女性友人來找我商量。她的女兒就讀小學五年級，自小學入學後就開始到舞蹈教室學習跳舞。她總是開車送孩子（C妹妹）到舞蹈教室，稍微協助C妹妹準備後，自己先回家一趟，等舞蹈課程結束後再去接C妹妹。

以下是她的煩惱：

「舞蹈教室裡有個女孩子，每次看我送孩子去，都會過來找我說：『C妹妹的媽媽，幫我弄一下……』然後我會替那孩子束好頭髮，替她畫上眼線及腮紅。來上課的孩子清一色是女生，除了那個女孩外，家長幾乎都陪在身邊。上舞蹈課三年多來，從來沒看過那女孩的父母。到去年為止，我都是幫自己的孩子化完妝後，再幫她化妝。但因為現在我女兒已經會自己化妝了，變成我每次都只幫那女孩化妝。不知道她的家長會怎麼想……因為我從來沒見過他們也沒說過話。我並不是要他們向我道謝，只是心裡有點疙瘩。基本上，我覺得自己有這種想法實在是太心胸狹窄了啊。」與這種情況類似的內心糾葛，在我身上也經常發生。我家的四個孩子都加入了住家附近的足球俱樂部。

家長會排班輪流幫忙場地整理及比賽準備、收尾工作，有時候也要開車接送孩子參加大會。但多數的家長，即使不是當班，也會自動自發地來幫忙。因為可以藉此機會看到孩子努力的身影，家長們都很開心。

另一方面，也有幾乎不來幫忙的家長。不知道為什麼，通常家長沒來參加活動的孩子特別容易受傷，因此我們需要協助治療，或是借毛巾給忘記帶毛巾的孩子，替備水不足的孩子補充水分，反而比照顧自己的孩子更花心思。通常這些孩子的家長都不會向我們表達謝意。

以下是我的想法：如果我在路上看見不認識的孩子跌倒受傷，而家長看起來又不在附近，我想我應該會盡自己所能去幫助孩子。像遇上這種事情，大家通常不會在意孩子家長有沒有表示謝意，只會想著自己幫得上忙真是太好了。

當與自己孩子同隊的隊友、朋友遇到困難時，如果幫得了素不相識的孩子，提供協助是再自然不過的事了。

但是為什麼會讓人覺得心裡有疙瘩呢？其中一個原因應該與對方家長間和睦

與否有關。我們的心裡都會這麼想：「他的爸媽知道自己的孩子天天受人照顧嗎？」、「如果是自己的孩子受到照顧，我們都會表達謝意啊。」像這種情況，只要停止把孩子跟家長綁成一套，問題就迎刃而解了。**把對方家長的事情拋諸腦後，只要考慮自己跟遇到困難的孩子之間的關係即可**。換個想法後，只要在當下能夠獲得孩子的一個笑容就ＯＫ，其他的則無須過於在意。後來我給Ｃ妹妹的媽媽類似的建議。只需要衡量妳跟那孩子兩人間的關係，在能力所及範圍內給予協助就可以了。孩子本身因為某些原因使家長無法到場，他們本身可能也很難受。受過妳幫助的孩子，或許日後也會想起「以前Ｃ妹妹的媽媽對我很好呢」。也因為受到妳的影響，她以後可能會對其他孩子以愛相待。如同妳現在對她做的事情一般。

19

當孩子犯了難以彌補的惡作劇時……

常用話語

做出這種事的
壞小孩
給我出去！

↓

信任話語

**你是
我的寶貝！**

前面我也不斷提到，對於來找我諮商孩子問題的家長，我總是給予相同的建議——**「停止叨唸孩子」**。我給出這個建議的目的是，無論如何都要努力打造出孩子能夠在家裡放鬆的氛圍。

收拾物品、學習禮儀、料理方法等等，在家裡要學習的事情雖然不少，但我認為讓孩子好好休息放鬆才是最重要的事。

這麼做能將「我可以用本來的樣子待在這裡」、「這裡是我的歸屬」等感覺深刻地刻畫在孩子心裡。

「你是壞小孩，不是我家的孩子，快出去！」

「如果你不去做的話，就不用回來這個家了！」

這些話，家長應該都有脫口而出的經驗吧。育兒生活中，不如意的事情十之八九，家長也是每天承受著各種生活壓力。我家的孩子個個淘氣，我也經常不小心說出這些話。

可是「給我出去！」這句話對孩子來說是相當過分的話語。其實孩子自己也清楚，這句話不是父母的真心話。他們也都知道爸爸媽媽會「忍不住就衝口而出」。

儘管如此，**「給我出去」這句話可能會留在孩子心中成為一種折磨，甚至他們自己都不曾發現。**

於是，自某個時間點後，我開始改變我的作法。

如果我對孩子生氣，氣得幾乎脫口而出「你給我出去！不要回來了」，首先我會強烈地意識**「自己正因為孩子不如自己的意而生氣」**。

然後，對孩子說出以下這些話：

「我告訴你，就算你做了多麼壞的壞事，爸爸（媽媽）都是你的同伴！你是爸爸媽媽的寶貝，這個家就是你的安全地帶！」

說話內容也可以換成「我最愛你了」或是「你是我的寶貝」。

家長必須發著脾氣說出這些話。

憤怒會衍生出氣勢，使你說的話特別夠分量。

孩子可以感受到「爸爸（媽媽）生氣了，雖然生氣但還是對我說出這些話。」這可以成為孩子的一個範本，未來等孩子長大成人，他們會知道「就算生氣，也可以有這種回應方式」。

因為孩子惡作劇所失去的東西或受傷的人，即使大人對他發脾氣也回復不了原狀。孩子自己也正在用自己的方式反省。他們看著大人處理的方式，也看得出父母有多困擾、擔心。

請各位家長回想自己孩提時代遭受大人責罵的模樣，我想當時即便大人不說，各位也能切身感受到大人對於自己所作所為的想法。

只是孩子無法實際理解到底家長為何擔心、困擾；處於盛怒中的家長，無論再怎麼說明，孩子依舊無從得知。因此，為了稍微挽回衍生出來的損失，至少向孩子傳達「儘管發生這種事情，爸爸還是很愛你」的訊息，或許能夠稍稍減少事件所帶來的後遺症。若以這個方向來思考，反而是得到了好結果。

只要換個想法，每次危機就是一個轉機。

「那我這樣溫和對待他，他會不會越來越皮？」

「這樣做他不就成了壞孩子？如果未來成為罪犯怎麼辦？」

有許多家長會有此擔憂。但是，請試想，如果自己與孩子交換身分的話會怎麼做呢？會因此得意忘形嗎？還是會對家長懷抱感謝之心，並且日後注意不要再犯。

孩子也是人，理應與自己有類似的思考模式。

不叨唸孩子的第二個好處是可以完全接受孩子現在的模樣。

每個家長叨唸孩子，都覺得自己是為了孩子好。從外面回來先洗手比較好；寫作業的字跡漂亮比較好。對人打招呼比不打招呼好。我認為叨唸孩子的用意，是家長提出孩子目前尚未做到或是尚未發現的地方加以指正，使孩子變得比現在更好。

可是我們換個角度來看，這代表你覺得孩子「你現在這樣雖然不錯，不過改變後的你更好」。儘管這說法比較誇張，但的確會使孩子認為你不接受現在的他。**因此不叨唸孩子表現出你接受了孩子眼下的狀態。**

聽我這麼說，各位家長是否覺得毫無頭緒呢？請回想童年時期身邊接觸過的大人，我想應該有些人會使你手足無措，坐立不安；相反地，在某個人面前，你的心情總是沉穩鎮靜。

我想各位一定都接觸過這兩類人。覺得疲累時不想見到他的人和儘管再累也想見上一面，或說因為疲累才更想見到的人。

而後者，**也就是「見面後可以從其身上獲得力量的人」，就是那個可以接受自己保持既有樣子的人。如果各位家長是能夠讓孩子安心的人，而家庭又是能夠放輕鬆的場所，我想你的孩子一定會比其他的孩子來得更為活潑、充滿活力。**

20

當孩子需要家長一個口令一個動作時……

常用話語

為什麼我不提醒你
就不做呢！

↓

信任話語

**對不起，
你還沒做
我就搶著說了。**

位育有就讀小學六年級男生的媽媽來找我諮商。聽這位媽媽說，這個男孩要是媽媽沒有提醒就不換衣服、不吃飯、不寫作業……等等，幾乎所有事都要等媽媽叫喚之後，才心不甘情不願地去做該做的事。

我一貫地以「不叨唸只靜靜觀察孩子」為基礎方針給予建議。

「這樣一來我兒子一定不會寫作業，也不會洗澡。恐怕連學校也不願意去了。」

「如果孩子最後變成這樣，醫生你該怎麼對我交代？」

媽媽口氣不悅地說。

從這番話中可以感覺到媽媽已經為此苦惱許久。

「我覺得我兒子跟你以前看過的孩子不一樣，他的懶惰程度非同小可。像這種特別懶散的孩子，該怎麼跟他說，才能讓他自動自發地去做該做的事呢？我希望你可以針對這點來回答我。」

媽媽如此說著，不肯讓步。

我告知那位媽媽，還是必須採用我剛剛所說的方式。我對她說：「等妳想嘗試我說的作法時，再來找我諮商吧。」當天我就先請那位媽媽離開了。

自那之後約莫過了2、3個月。不知道這位媽媽是死心了還是下定決心了，她再次來找我面談。時間剛好是暑假剛結束，即將開始新學期階段。

「到目前為止，妳持續用著妳的方式，但狀況並沒有改善。妳就死馬當活馬醫，只有一個月也好，試著挑戰完全不叨唸孩子的方法如何？如果依舊沒有效果，妳只要停止使用我說的方法就好。」

我對媽媽這麼說。接著我告訴她，如果決定要做便要徹底執行，不然只是浪費時間，媽媽也接受了。

這個面談情景，至今仍深印在我的腦海之中。

在那之後過了一個月，當媽媽下定決心完全不叨唸孩子後，她的表情明顯有了變化。不知道該說是徹底放鬆，或說是從大人的表情變成了孩子的表情。總之，原本緊繃的表情柔和了許多。

我想她可能為了「必須做好家長監督的工作」費了很多力氣吧。

後來幾次和這位媽媽面談，她都說了類似以下的話：

「自從新學期開始後，我要自己記住不能叨唸孩子。**第一，孩子變得比之前沉穩許多**。以前他玩電動時都會躲在我看不見的地方玩。但是自從知道我不會罵他之後，當我在廚房做飯時，他會在我身旁輕鬆地玩電動。」

「孩子問我『媽媽，為什麼妳都不罵我、唸我了？』我告訴他，經過向醫生諮商後，我決定一個月內都不叨唸他。孩子開心地回答：『那位諮商的醫生真是個好人！』說完我們**母子倆笑成一團**。」

「過去明明需要再三提醒才肯做，現在他已經會自己把書包帶到餐桌，**主動開始寫功課**。不過不是吃完飯馬上就寫，他會等洗完澡看完電視才做，有時候也會超過晚上10點。以前早上也是要叫好幾次還不肯起床，**現在每天都自己起床**。之前我都要去他房間又哄又罵，甚至有時還要威脅他。現在想想，有種到底那時候是怎麼回事的感覺。」

「我跟孩子的關係也比之前親近許多。**他開始會跟我分享有關朋友的事情，老師說了什麼，在學校發生的事情等等**。我才發現原來這孩子跟我一樣很愛聊天。」

「我以前認為他什麼都做不到，一定要我幫忙才行。但是，當決定不再叨唸孩子後，我反而看的方向不同了。回想起很多事情，像是我也曾經是個小孩子呢等等。才不到兩個星期，**我開始覺得自己的孩子『什麼都可以自己做到』**，這種變化連我自己都不敢相信。」

「當我開始用這種眼光看待孩子後，他真的自己完成所有事情。學校要交的單子會自己放在餐桌讓我蓋章；棒球活動結束後回家，會自己抖落釘鞋上的泥土；會把便當盒放到洗碗槽，長襪跟制服也會主動放到洗衣籃去。」

媽媽一臉輕鬆地說著以上這些話。

跟起初來諮商時判若兩人。

「我以前都沒有發現，**原來他這麼能幹**，也很願意與家長分享一切，我卻完全沒有發現那孩子的優點。雖然我是個糟糕的媽媽，但那孩子到現在還是會一直對我說謝謝。以前他拿要洗的衣物及便當盒給我時，我老是叨唸個沒完，只顧著挑他毛病，而沒有聽到他對我說的『謝謝』。真的好可惜喔，我覺得自己真的做得太糟糕了。」

產生如此劇烈的變化，原則上不多見，即便如此，偶爾還是會遇到這類案例。在這個家庭裡，親子關係雖然有了許多變化，但是其中最大變化不在孩子身上，**而是家長的心境有所改變，也就是說家長的著眼點有所改變。**

另外還有一點。其實這位媽媽原本就有稍稍察覺「自己的孩子其實很能幹」。儘管心裡清楚，**但一旦承認孩子能幹，等同於承認孩子從此不需要媽媽幫忙。對這位媽媽而言，或許會感到些許寂寞吧。**

家長總是覺得照顧孩子就是永遠的事，但事實並非如此。從起床到就寢，從吃的、穿的、用的，舉凡大小事都要家長經手、掌握的時期，回頭想想，其實相當短暫。等孩子上了中學，家長便逐漸看不到他們大部分的世界了。上了高中、大學更是如此，和孩子的關係就剩下偶爾出現在心頭的程度罷了（但這是以順利「和孩子分離」的狀況而論）。孩子全部的生活都跟家長綁在一起的時間真的很寶貴，所以至少把「和你在一起時我很幸福」的訊息，不厭其煩地傳達給孩子知道。為了變得幸福，我認為對孩子、對家長來說，再也沒有比這點更重要的事情了。

21

當孩子在遊樂園等地方大聲嬉鬧時……

常用話語

你再吵以後
我就不帶你來了！

↓

信任話語

今天一整天
我都不會叨唸你！

過去，我曾帶當時念小學六年級的兒子和他的朋友一起去遊樂園玩。遊樂園距離我家約 2 個小時車程，去程路上，兒子跟他的朋友在車裡已經開始大玩特玩。

聽著他們嬉鬧，雖然感覺他們有點故意放大喧鬧聲，但他們是想要藉此炒熱氣氛，準備好好享受遊樂園之旅。

車子駛進寬闊的停車場，所有人下車走向入口時，看見了長長的排隊人龍，孩子們開心地跟著排起隊，隊伍中不乏其他親子組合及年輕人。

孩子們排隊時，有的玩著鬼抓人遊戲，有個孩子拿出電玩開始遊戲後，旁邊的孩子也跟著他一起進入電玩世界，看起來十分熱鬧。

因為大家迫不及待想進園遊玩，所以完全靜不下來。我很清楚，無論是移動時間或是等待時間，對孩子而言都包含在「遊樂園之旅」的樂趣之中。

不過，在這類場合中，也一定會有不停對孩子發脾氣的家長。

「在車上還沒被罵夠嗎？怎麼都聽不懂！」

「你再吵我就帶你回家！」

「叫你排好聽到了沒！」

處處可以聽見充滿怒氣的罵聲。

出門玩耍，孩子當然會嬉鬧。

因為他們的目的就是出門嬉鬧。

但是，家長都會像老師帶孩子去遠足一樣，不斷地訓斥，不對，是朝孩子發脾氣。好不容易帶孩子出來想讓孩子開心，卻一直處於生氣狀態，實在太可惜了。

若孩子的行為嚴重造成其他人的困擾，當然可以出聲提醒孩子「不可以這樣」。但是，如果持續用老師提醒學生的方法對待孩子，對家長、孩子都是負擔。明明是出門玩耍的行程，卻像是來參加校外教學一般。孩子並不是到遊樂園去學習禮儀的，所以各位家長是否能夠試試完全不叨唸孩子呢？這種作法可以讓家長、孩子雙方少點負擔。

從早上出門到傍晚回家，先下定決心並告訴孩子「今天是快樂日，一整天我都不會叨唸你」。

以照顧別人家孩子的心情來與孩子相處，或許會有幫助。

在這種場合中，有些家長看著嬉鬧的孩子，會莫名發怒或是感到煩躁。

其中一個原因可能是自己在童年時期出門玩耍時，只要一嬉鬧就被大人訓斥的緣故。現在立場互換後，會下意識地覺得自己「必須做好家長管教的角色」。

此外，還有一個原因，應該是家長無法承受那些愛批評他人的路人目光。

「這爸爸媽媽怎麼當的，小孩這麼吵也不管一管！」

遇到這種情況，首先家長要先解放自己的心情，並且注意不要忘記「來這裡是讓孩子開心」的目的，並且趁早向路人道歉：**「抱歉，我家的孩子讓你感到不愉快，等回家後我會好好教訓他的！」**當下的氣氛便能緩和許多。

「如果家長不多加提醒，孩子會一直給別人添麻煩吧。」
「如果孩子做出危險行為，可能會傷害到自己及其他人。」

有許多人會有以上隱憂。

但是，如果你每次只要出門就倍感煩躁、不斷生氣的話，請務必嘗試一次看看。

你將會從「孩子一吵就必須訓斥」的執著想法中獲得解脫，並且開拓一個全新的世界。也許，孩子本身沒有任何問題，容易煩躁的家長才是問題的根本所在。

將感謝化成言語的三個好處

這本書中我不太使用「這麼做比較好」這類文字。因為每個家庭的問題解決方式各有千秋，無法一言以蔽之。

但是有件可以一言以蔽之的事，那就是**「清楚地說出感謝之語」**。

和家人日復一日的生活中充斥著需要向對方表達謝意的情景。

例如，我寫這篇文章的早上，我對太太說「謝謝妳幫忙清掉浴室的垃圾」。前天我雖然有發現頭髮、垃圾已經滿了，但想著隔天再處理，就這樣擱置原地。昨天晚上洗澡時，我看到垃圾已經清乾淨了，但卻忘記向太太說聲謝謝。所以今早一想起來，馬上就說出口了。雖然這件事不過是用放在更衣室內的拋棄型手套抓起垃圾丟到垃圾桶，不花什麼時間，也稱不上打掃。

不過，多了這麼一個步驟，還是挺麻煩的事。我每天迷迷糊糊過日子，有許多太太幫我打理好，我卻沒發現的事情。所以，一旦我察覺某件事，我一定會向太太道謝。

這麼做有很大的益處。當對方擁有好心情，同住一個屋簷下的自己也會發生好事。（有點功利主義對吧）。只要家庭內維持良好氣氛，全家人都可以享受到好處。

接下來為大家介紹更詳細的利處，總共有三點。

①首先是**「變得善於表達」**。在遣詞用字上會變得更拿手。「謝謝你，幫了大忙。」、「謝謝你平時的幫忙。」、「我好高興喔！」、「真的嗎！謝謝你！」、「太棒了！」、「你一定很辛苦，謝謝你記得。」等等。

雖然有許多詞彙，但是抑揚頓挫及「節奏」、表情跟反應也同等關鍵。

更重要的，隨著孕育出這些話語，「自己的心境變化」也會變得敏感。

發現到對方為自己做的事，心情因此有所變化，這種變化是不容忽視的，因此你的感受就像一口氣從深處浮上水面般化為言語而出。這種心境變化，如同鍛鍊肌肉會使肌力上升一般，可以藉由訓練而越來越強大；隨著實踐過程，經過無數次練習，敏感度也會變得越來越細膩。

②第二點是**「可以鍛鍊觀察力」**。不僅發現對方替自己做的事情，對於對方身上有什麼好變化，或是可以積極攀談的好時機等的敏銳度也會提高。

也就是會變得比較「善於奉承」，這個說法可能不太好聽。有時候事情的結果是來自本人無意識的行為，此時聽到好聽的話或是讚揚，心情也會隨之又驚又喜。

這是**和與大家常說的「挑毛病」完全相反的論點**，然而這種力量也可以經過鍛鍊逐漸增強。

③最後是**「這種溝通方式全部都能成為孩子們的範本」**。他們可以藉此學會如何向對象表達謝意。孩子會學習家長所表現出來的行為及態度，家長的一言一行將會成為**「表達謝意的才能」**，這是十分重要的溝通技巧。

這類的溝通技巧，在我家隸屬早期教育範圍。

孩子在禮貌上的表現都很出色，像是「謝謝」、「太棒了」等等，相較於我和太太，他們表現得自然許多。這種技巧不僅有助於家庭氣氛，往後在他們的人際關係上，或是將來的各種情景上一定也有所幫助。

22

當學校老師致電家長時……

常用話語

你在學校可不可以乖一點！

信任話語

老師好像很喜歡〇〇喔！

晚上7點，我們家常會接到來電。來電顯示螢幕恰巧顯示為「XX-8734」，我就記成「不氣省事」。

這是我幾個孩子所就讀中學的電話號碼。

老師常常加班，工作實在辛苦。不僅要跟不知天高地厚的孩子們相處，還得加班打電話向家長報告孩子在學校所出的狀況。

老師每次打來，內容幾乎都是「孩子在學校做出了令人困擾的狀況」。像是「孩子跟朋友●●起了爭執，扯掉了衣服上的鈕釦。」或是「在午休時間擅自離校遭到老師提醒。」有時候，也會發生比這更嚴重的事情。

老師會和家長報告當天發生的所有事情。有的家庭可能不曾接過這種電話，但在我家可是家常便飯。

每次接到學校來電，我只能跟老師道歉。**「不好意思，我家孩子給老師添麻煩了。」**接著向特地來電告知的老師道謝。如果老師需要我們向其他孩子的家長致歉，我也會打電話到對方家裡去好好道歉；發生物品損壞時，當然也會負起賠償責任。

不過大多時候都是以「沒事的，您不用特別做些什麼，我只是知會您一聲而已，我已經好好引導過孩子了。」這種對話結束。

既然如此，那為什麼要特地「來電通知」呢？雖然我每次都很疑惑，不過對於老師為了孩子的事情必須延長留在職場的時間，我真的覺得很辛苦，所以對老師只有滿滿的感謝。

電話結束前，我一定會好好地向老師傳達謝意：**「雖然我家的孩子總是給老師添麻煩，但多虧了老師的照顧，他每天都很開心地上學，對此我表示感激。」**說完這段話後才掛上電話。

那麼，我來說說我家的大原則。

我不會告訴孩子老師來過電話。

如果來電時孩子剛好在場，他們雖然知道是老師打來的，但我不會對他們說明內容。

即便我不明說，孩子們心裡也有數，有時候孩子會對我坦承自己的「罪狀」，但保持沉默的時候居多。無論如何，我家的基本方針是不把學校的麻煩事帶回家裡。

孩子有時也會問我「老師打來說什麼？」此時，我一律回答同一個答案。

「嗯，老師啊，雖然說了不少事，但是老師最後要我跟你說，他很喜歡你喔。」

我向孩子這麼說。孩子像鬆了口氣，雖然笑著說：「老師才不會說這種話——」但臉上難掩喜悅。

這是我從他們托兒所時期以來所採取的一貫方針。

「你的孩子咬了……」或是「被其他小朋友咬了」等等，老師在聯絡簿上寫了許許多多，放學去接孩子時，老師也會對我們發些牢騷。

不過，孩子總算是努力又度過一天了，老師也替我們好好地照顧孩子，對此我感到很滿足。回家後，我也不會對孩子在托兒所的生活表示意見。

因為把外面的麻煩帶回家裡破壞孩子及家長內心的平靜，可說是百害而無一利。

每次當我說出這些話，常會有家長問我：「可是依照電話內容，有時候也是需要家長提醒的吧？」

的確如此，但是每次都要衡量哪些內容該說或不該說，不僅煩惱，有時候還會一肚子氣。

因此，我後來決定，總而言之**「一開始就擋下學校的來電」**。做好決定之後，就不再猶豫，也不會三心二意。因為這是規定。

如此一來，**在家裡可以好好放鬆的孩子和家長，便可杜絕這些無謂的壓力。**

學校的事情在學校解決就好；相反地，家務事就在家裡解決，不需要對外張揚。

當然一定會有例外的情形。遇到類似情況，當面臨到不得不說，或家長也認為必須叮囑孩子時，我也是打算親子一起坐下好好談談。不過，育兒生活到目前為止大約過了20年，實際上從未發生過類似的狀況。

為了保險起見，我提醒大家一句，這些話只是我想告訴各位「這個方式在我家行得通」，並不是要各位「比照辦理」。

諮商過程中時常會聽到，好不容易在家放鬆的家長和子女，因為接到學校來電而打壞心情。為大家介紹這個方式，希望可以幫助這些家長稍微減輕些負擔。

23

當孩子老是頂撞大人時……

常用話語

你可以對爸媽
這麼說話嗎！？

↓

信任話語

你倒是
挺敢說的嘛。

D先生家中育有就讀小學5年級的男生。他來找我諮詢當孩子故意惹家長生氣時該如何處理。

孩子會故意做不該做的事，還會刻意說出媽媽不愛聽的話，並且拉高音量讓D先生也聽得見內容。

孩子在挑釁D先生。

在這種聽了會一肚子氣、忍不住怒吼的情況下，父親若可以不受挑釁、不帶怒氣地和孩子好好溝通，才是展現出勇氣的表現。這也是家長可以告訴孩子，無論再生氣都可以平心靜氣、沉著以對，透過溝通以解決問題的最好機會。

孩子在往後的人生中，一定會遇到無數次類似的對決、談判的場面。未來起衝突的對象，或許不再是家長，而是危險性更高的人。

透過與親切安全的對象——家長——練習交涉，往後他若遇到必須和冷漠的對象交涉時，這些練習就能成為他心靈上的支柱。這是個家長送大禮（陪同練習）給子女的最佳機會。

回歸正題，D先生所提出的問題「遇到這情況該如何處理呢」。誠如上述所言，重點在於要接受這件事。「這不是值得困擾的事，而是一個機會」，意識到自己正面臨一個寶貴的機會。

D先生儘管心裡明白，但每每遇到類似情況，還是會忍不住動怒，所以一開始進行得並不順利。

實際上D先生的父親是大家常說的「一言不合就動手」的人，在孩子面前會對太太怒言相向，有時候甚至施以暴力。D先生自己也曾遭到暴力對待，可想而知，D先生的心中因過去家長的暴力行為而存有陰影。

然而當自己成為家長後，每次孩子說出賭氣話語時，D先生原本並不覺得生氣，但不由自主地代入了自己與父親間的關係，因此大動肝火。

也就是說，**D先生雖然是以父親身分和孩子交流，但過去遭受父親暴力的恐懼重新浮現，可能因此導致他跳進孩子的角色裡而感到害怕。**

接著做出如D先生父親過去的行為，對孩子惡言相向甚至施以暴力。

我在面談時告訴D先生這個事實。每當覺得憤怒時，D先生會正視自己的心情，經過幾次反覆練習後，現在他已經可以平靜地面對孩子的挑釁。

遇到這種情況，有些人的想法是「不對的事情必須強烈訓斥才行」。

但是我認為用「冷靜」代替「強烈」的訓斥也不錯。

不過請千萬不要動怒。**習慣對孩子怒吼或是惡言相向，可能會使孩子在與其他人相處時，也屈於對方的惡言或暴力之下。更糟糕的情況還包括可能促使他們對未來的結婚對象或是伙伴，甚至自己的孩子施加暴力。**

確實地告訴孩子「不可以使用暴力」原則，可以大幅降低孩子在往後的人生裡和對象交涉過程中使用暴力的可能性。

此外，如果**孩子理所當然地認為求助他人（在學校是同學或師長）並非可恥或膽小的行為，而是正確且應當的事情的話，相較於其他孩子更不容易陷入危險狀**

況。

反之，若把屈服於暴力這件事情當成「這也是沒辦法的事」全盤接受，認可暴力行為的話，恐怕會使孩子認為「求助他人代表軟弱、悲慘的行為」。**為了讓孩子可以確實地發出SOS求救信號，有勇氣杜絕暴力談判，家長平心靜氣地和孩子對話是相當重要的關鍵。**D先生傳授給兒子的技能，將成為他人生中受用無窮的一大財產。

此外，D先生也擔心「孩子對家長這種態度，如果不及時管教的話，在外面可能也會這麼不知天高地厚，可能會讓他吃上苦頭」。我則認為完全不需要擔心這點。

D先生所說的「外面」指的應該是與同伴間的關係。孩子不會一下子就出社會，而是透過幼兒園，接著是小學、中學等各個階段，一步一步慢慢成長茁壯以迎接未來。

與對象相處時產生的憤怒或親切、攻擊性或感情、力量或話語也是慢慢地培養而成。

今後他會遇到各式各樣的孩子或同伴，或許會吃點苦頭，但是他也會從無數次經驗中學到如何迴避，如何成功擺脫這些棘手的事情。

關於這一點，過去我也曾有過失敗經驗。

這是發生在我擔任兒童足球教練時的事情。當時我認為長子個性比較溫和，在比賽中欠缺與對手正面交鋒的氣勢。

過去我的教練曾指導過我類似的事，於是我也對孩子說：「你們要把比賽當成打架，必須更用力地衝撞對方才行。」

結果，孩子們反而更加畏畏縮縮，表現頻頻失常，不斷地在重要時刻出現失誤。

「為什麼練習時沒問題，正式上場卻出錯呢？」我問他們。

孩子們回答我：「我也不知道為什麼，總覺得對手很可怕，沒辦法像平常一樣表現。」我相信每種運動都相同，在快樂輕鬆的氣氛下才能締造佳績。

即便是比賽對手，其實也是一起快樂踢球的同伴。「對手就是敵人！打倒他們！」這種想法不過是大人把執著於輸贏的刻板觀念強加在孩子身上。而我則是在他們身上灌輸了自己的自卑感，也就是「害怕輸掉比賽」的意識。那時我才知道，我剝奪了孩子們重要的成長機會。

孩子會覺得踢球很快樂、有趣，並且越來越努力，有朝一日或許他們也會覺得一定要贏、不想輸球。

但是，**這應該是由孩子心中自己萌芽的念頭，而不是家長加諸在他們身上的觀念。**我從孩子們身上學會了這個道理。

為什麼不能「生氣」但可以「訓斥」？

這是許多教養書所傳達的論點。

「憤怒」是無法接受眼前所發生的事，無法接受現實的混亂情緒。即所謂「心煩意亂」。

當孩子做出了不符自己期待的事情時，「憤怒」這個反應可說是家長把自己的混亂完全攤在孩子面前。

「可怕」、「好困擾」、「痛苦」等情緒，家長不是透過言語，而是藉由音量大小、表情展露無遺。

另一方面，「訓斥」以好的方向來說，則是不帶任何情緒。

「你所做的事情，這點因為這樣所以不對，原因其實是因為這樣的……」這麼做，就稱為「冷靜地告知」。

但是，為什麼訓斥是比較理想的選擇呢？

確實地傳達出想說的事情是理所當然的，除此之外，用較為誇張的說法來說，訓斥可以**「讓孩子明白拒絕暴力的姿態」**。

因為憤怒情緒驅使，而朝對方大吼大叫、用手推對方，希望對方聽自己說話，雖然家長本意不是威脅恐嚇，但在孩子聽起來就是這麼回事。

或許有些家長會覺得「哪有這麼誇張」，但是在家長渾然未覺中，孩子可能已經受到莫大傷害。

如同我之前所言，若孩子全盤接受這種溝通方式，對孩子的未來是一大隱憂。

以後他可能會向對象做出類似的事情，若非如此，也有可能會容易屈服於暴力淫威之下。因為他自小就接受這種「談判」方式。

還有比較敏感、溫和的孩子，如果在教室看到其他孩子遭到老師怒罵，也就是承受他人的「怒氣」而不是「訓斥」，光是如此也會傷害到孩子。

我想有些人會覺得「因為這點小事就受傷，以後要怎麼活下去？孩子必須學會壯大自我才行」。某種意義上，這也是一種現實情況。

但是，遭人怒罵也無所謂的孩子，也就是人家常說堅毅的孩子，若用比較不好聽的說法來說就是遲鈍的孩子，他們這種個性並不是經過鍛鍊得來。「對情緒的敏感或遲鈍」是與生俱來的素質。

對於家庭之外的嚴苛經驗，或許孩子必須一一克服，但家長沒有必要一起加入傷害孩子的行列。至少我本身，不希望對自己的孩子做出這種事情。

當孩子做出不符期待的事情時，請各位家長不要因為混亂而受情緒左右口出惡言，請拿出勇氣面對現實。換句話說，告訴孩子「我很困擾」並且正確地訓斥孩子。各位家長必須了解這種狀況不是危機，而是珍貴的機會。

這個機會可以讓你在孩子面前展現冷靜且帥氣的面對問題（＝訓斥）的樣子，而不是膽怯、怒吼、混亂（＝憤怒）的姿態。

請千萬記住，你現在的作法將會成為孩子往後在學校、社會等環境的人際關係中遇到問題時，該如何解決的重要範本。

我想，這是一種非常講究的育兒方式。

第 5 章

13歲以上

進入親子分離的時期

每個孩子思考有關自己和這個世界的事情，
都比家長想像中來得認真。
所以家長才是孩子心存感激、
永遠不變的「心靈避風港」。
雖然希望離開家追求獨立，其實仍舊依賴著父母。
他們希望從家長身上獲得信心，
「無論何時何地，父母會永遠在乎我的」。
正因如此，在這個時期如果能告訴孩子
「你是我重要的孩子」，
確實傳達出自己的感情，
便可深印於孩子心中，
成為他們永遠的支柱。

24

想要為孩子打氣時……

常用話語

我希望你
不要侷限自己，
活出自由的人生。

↓

信任話語

保持現在這樣就好，
我最喜歡原來的你。

我曾在報紙的讀者投稿專欄看過以下文字。大家看了之後不知道會有什麼感想呢？

我喜歡〈世界上唯一的花〉這首歌的歌詞。

很多養育孩子的家長都希望自己的孩子「成為第一名」。可是每個孩子個性不盡相同，所以請各位家長告訴孩子：

「只要盡力完成就好了」。

（六旬女性）

這位讀者應該是擔心多數家長過於斥責、激勵孩子，才會投書這篇文字吧。她以此投書建議每位拚命督促孩子的家長，「對待孩子需要採取更溫和的態度」。

我明白這位讀者的心情，她一定是一位很溫柔的人吧。對於為了孩子好，希望孩子不要吃太多苦頭而嚴格要求孩子的家長而言，有人生的前輩告訴自己「對待孩子的態度可以再溫和一些無妨」，足以成為這些家長的莫大支持。

我無意吹毛求疵，但是我認為使用「盡力」這個詞並不妥當。

因為，不知道要做到何種程度才稱得上盡力。

在孩子的足球比賽中，教練和家長們都會對孩子說出「盡力」這個詞。「再盡力一點！」、「你的盡力只有這樣嗎！」等等。這要原本就很認真、刻苦耐勞的孩子努力到何種程度才能罷休呢？

因此，想要家長和孩子放寬心的用詞，我認為使用**「保持這樣就好」、「我最喜歡你現在的樣子」**等這類接受孩子現階段模樣的話語最為適合。

我也曾經看過以下內容的投書。

前幾天，我女兒帶著寫有願望的紙箋到托兒所去。女兒寫完自己的願望後問我：「媽媽妳的願望是什麼？」我回答她：「希望妳長大之後跟喜歡的

人結婚，過幸福的生活。」

我心裡想著幼小的女兒，總有一天會長大成人，所以自己必須更珍惜現在與女兒相處的幸福時光。

（三句女性）

這篇投書與先前介紹的「盡力做好就好」存有同樣的危機。

當女兒詢問媽媽**「媽媽的願望是什麼？」，媽媽的回答方式等同於給予女兒指示「希望妳變成這樣」**。

而母親似乎沒有發現自己在無形之中要求孩子成為自己想要的樣子。但是這些指示對孩子而言都是負擔，甚至可說是孩子人生中的重要挑戰。

・成為一個有用的大人
・找到喜歡的對象結婚
・變得幸福

孩子因為喜歡父母，想要讓父母開心，所以他們可能會希望達成父母的期望而因此感到負擔。或許我的說法有點誇大其詞，但孩子的堅強程度遠超過大人想像。

我認為「做你想做的事」或是「只要開心過日子就好」這類的「願望」，也會成為一種「要求」，日後在孩子身上可能會引發類似的問題。

如果真的覺得「隨孩子高興」就好的話，什麼話都不用說。

「做你想做的事」這句話其實含有「你為了我必須開心過日子」或是「一定要變得幸福」的要求成分，會造成孩子的麻煩。

大家都知道，開心度日、隨你高興等等，這些事年齡越長越難達到。但是，大人在人生路途中已經學會妥協的方式，所以還算安全。

可是，孩子們接下來才要面臨現實的考驗。

因此，**活得自由、活得幸福、活得有特色等等，越是在意這些想法，就越難**

採取行動。天性認真的孩子做不到充耳不聞，更是容易演變成舉步維艱的狀況。

我在與家有拒絕上學的高中生父親面談時，也曾聽過類似的話。這位父親自小被雙親灌輸重視學歷的價值觀，整個童年時期都無法做自己想做的事，只能一味忍耐。

結果，儘管現在自己已位居菁英地位，卻不如周遭所想的那般幸福。他一直後悔著孩提時代沒能挑戰更多事情，快樂地度過童年。

「所以我不想把我的價值觀加諸於孩子身上。我想告訴孩子的是，無論何種生活方式都無妨。盡可能不要侷限自己，尋找適合自己的生存方式，每天快樂地活出屬於自己的自由生活就好。一直以來我都是這麼教育他的。」我想大家應該也發現問題點了吧。

雖然我能體會父親的心情，但是他也在不知不覺中給了孩子有關生存方式的指示。

那就是「不要侷限自己，找出適合自己的生存方式」以及「活出屬於自己的自由生活」。這兩點都不是可以簡單達成的事。

活出自由生活。雖說如此，每個大人都知道這當中還有許多必須妥協的因素。但尚未踏出社會的孩子不清楚這個道理。儘管大人告訴他們不要侷限自己的生活方式，他們也無從想像。

自己覺得沒問題的話語，也許不知不覺中成為一種對孩子的要求，家長必須把這點銘記在心。

然而，雖然覺得很麻煩、很辛苦，但我想這也是育兒的樂趣所在。

25

當孩子把穿過的衣服到處亂放時⋯⋯

常用話語

我不是說過
衣服脫下來
要放進洗衣機嗎！

↓

換個想法更開心

收拾
也是一種
好運動嘛！

接下來我要介紹我之前在著作《相信孩子》一書中受到最多人提問與「指教」的其中一個內容。

我認為孩子放學回家後，如果可以自己整理好衣服及書包是十分優秀的表現。其他還有將衣服掛上衣架或放進洗衣機，將書包等學校用具放回自己的房間等等。

不過，如果孩子衣服脫了亂丟、書包亂放又該怎麼辦呢？

我家的四個孩子，每一個都不願意自己整理，一開始我會提醒他們自己記得整理，但情況依舊毫無改善。但是如果一直叨唸他們，出言叨唸的我比他們更累，所以最後我放棄提醒，改為自己動手收拾。

一走進我家玄關馬上就能看見數個掛鉤，這裡可以掛上制服或書包。數量一多時，雖然看起來滿地都是三個孩子的衣服跟書包，但實際整理時間大概只花了2～3分鐘左右。

我自己的育兒目標是希望孩子在家裡都能放輕鬆，而非要求孩子整理得宜，所以對我來說一點也不辛苦。

等幾個孩子上了中學、高中，就不再出現亂丟衣服的情形了。縱使不叨唸孩子，這種情況也不可能永久持續。

我並不是抱持著「總有一天他們會自己收」的想法來收拾這些物品。因為其中的差異很重要，所以我必須仔細說明。

如果一直想著**「相信他們總有一天會自己收拾」的想法整理物品，一定會在整理過程中心生「到底什麼時候才要自己整理」的不滿念頭**。

而我的想法則是就算今後他們還是到處亂丟，不管未來要丟多久，只要我的身體還能動，我就自己整理。我是以這樣樂天、愉悅的心情來整理物品的。

在我的育兒生涯中最重要的目標就是，希望孩子在家裡徹底放鬆、儲備能量，以迎戰外頭嚴峻的社會，在這世界上好好生存。在家裡若能悠閒度日，便能累積心的能量，同時也能孕育出從容態度，未來必須面對考驗時，一定能夠承受；或者一感到不對勁，也能及時撤退。

讓孩子喜歡活在這個世界上。讓孩子成為珍惜自己的人。如果孩子在家裡可以確實放鬆，發生這些事的可能性也會水漲船高。

很多人會問我「如果孩子一直學不會收拾怎麼辦？」我認為願意自己收拾當然很好，對於將來的人生旅途也會有所幫助。只不過，以我家的情況來說，我把在家放鬆的優先順序排在最前面。

另外也有人會批評我這種方式「孩子雖然放鬆了但家長沒有啊！壓力反而增加了！」

我個人覺得各位家長無須勉強自己。我自己的目標是追求孩子可以好好放鬆，所以與其叨唸他們「快把衣服收一收！」，自己快速動手整理，反而來得輕鬆許多。

這裡說點離題的事，聽說做家事時消耗的熱量跟上健身房運動所消耗的熱量大致相同。因此，每次收拾孩子衣服時，我都想像「自己正在健身房運動」。這麼做，既不用花錢，也不用叨唸孩子，還能換得整齊的屋子，豈不是一石三鳥之計。

26

當孩子失敗時……

常用話語

就跟你說過了吧。
誰叫你不照
我說的做。

信任話語

你一定很難受吧。

某次與朋友見面時，她正用自己的智慧型手機，傳送地圖畫面給就讀中學三年級的兒子。原來是模擬考會場的地圖及路線說明。

「因為我兒子真的不太會處理這種事，很有可能迷路。」她雖然這麼說，但不知道為什麼看起來有點高興。

對孩子照顧得無微不至的家長都會認為「這孩子不太可靠，我得主動幫忙」。當他們覺得「孩子還在我的身邊」或是「孩子還沒有拋棄我」時，或許就會出現這種莫名的安心感。

接下來是另外一位朋友。他就讀高中的兒子，預計在暑假時拜訪住在美國的表哥，所以自己擬定了旅行計畫。孩子利用網路查詢機票價格，考慮再三後自己訂好了機票。

但是，家長看完後覺得孩子選擇的航班得花很多時間轉機，非常糟糕（家長這麼說）。

於是我朋友向兒子建議「還有其他更好的航班」，孩子因此而動怒，最後似乎取消了旅行。

其實兩趟航班費用相差不大，我問朋友：「那就選兒子決定的航班如何？」但朋友卻回答我：「與其浪費幾個小時在機場等轉機，早一點到目的地絕對比較好。我兒子連這種道理都不懂，實在太讓我失望了。」說起這事，朋友似乎仍餘怒未消。

當然，他們父子倆平時的溝通方式，可能原本就存在些許問題，但上述這件事和一開始說的事，兩者的關鍵點相同。

對於孩子的選擇、處理事情時的快樂或痛苦，以及從父母以外的人身上所學到的重要事情等這些經驗，家長必須給予徹底的尊重。

這一點，我想只要家長回想自己的孩提時代，立刻就能理解。各位對於父母所給的「忠告」是否心懷感激？還是覺得煩人呢？與其給予孩子家長自認的「正確」建議而遭到孩子討厭，不如鼓起勇氣靜靜守候那些在家長眼中孩子所做的既「錯誤」又「不成熟」的選擇。

如果是那些顯而易見的失敗：例如忘記帶准考證或飛機票出門之類的狀況，當然家長必須直接告訴他們「你忘記帶重要物品了！」連這種事也不提醒的話，就太過壞心眼了，因為每件事都有輕重緩急之分。

即便如此，家長依舊必須注意自己的「正確性」。要孩子一味接受家長覺得正確的事情，絕對不是為了孩子好。

「母親的必須存在是為了讓孩子離開」。

這是心理學家 Erna Furman 發表過的知名論文標題。

這篇論文中提到家長不需要干預或指導孩子的行為，或者說父母如不插手孩子的行為，反倒使孩子更加獨立。

Furman 在論文中寫到「請回想孩子斷奶時的情景」。孩子斷奶時，即便家長沒有特別引導孩子食用副食品，孩子本身也會因為自身好奇心而受各種食物吸引，反而是媽媽本身會因為原本「只愛喝母乳」的孩子日漸成長而感到寂寞。

有些家長會擔心「如果我們對孩子太好，萬一他們不離家自立怎麼辦？」但我不認為孩子會永遠依賴父母。他們會在自己覺得適當的時機，用他們的方式，離開父母身邊進而獨立自主。

因此 Furman 主張，家長應該做到的是「為了孩子離開而存在」。

此外，「存在」這個詞彙，其實富有相當深的涵義。當孩子遇到困難或感到孤獨，孩子只要能夠確定父母會是自己永遠的避風港，就能成為他未來不安地邁開獨立腳步時的重要支柱。

「存在」的態度是觀察孩子的選擇，並確保孩子可以在必要時能夠返回安全的地方。

「存在」其實比「提供協助」來得困難許多。

家長該如何面對孩子「自我傷害」？

覺得痛苦、難受的時候，孩子能夠依靠的對象就是家長。

孩子年紀小時，能夠輕易地對家長發出求救訊號。孩子在嬰兒時期可以毫不猶豫放聲哭泣。

但是，隨著心智逐漸成長，當孩子學會視情況而忍耐時，便難以發出求救信號。這也證明了孩子的確正在成長。

例如預防接種疫苗、牙科定期檢查等，隨著年齡變化，3歲、4歲、5歲孩子的態度皆不相同，變得越來越可靠。他們不會永遠哭著叫「媽媽～」。我想每個孩子都是家長值得驕傲的存在。

懂得忍耐雖然是一種優點，但如果必要時刻無法發出SOS信號；覺得痛苦時無法「求助他人」，反倒成了缺點。家長必須十分重視這兩者間的平衡。

當孩子無法自然說出「幫幫我」時，他們會採用其他方式來尋求幫助。**忘記帶東西、欺負同學、不寫功課、早上起不來、咬指甲、不想去上學……**這些還算是安全範圍內的求救方式。大家經常誤會，孩子其實並非「故意」做出上述行為。

這是因為他們無法率直地說出「我現在很難受、很痛苦」。因此，他們「被動地」出現這些能夠讓家長或是老師，以及身邊值得信任的大人們發現的行為來發出求救。

忍耐力強的孩子，因為無法輕易表達求救訊號，所以拚命地以所謂「自我傷害」的行為來求助於他人。

像是拔自己的頭髮，即常見的「拔毛癖」，也是經常有家長來找我諮詢的「問題」。

家長看到孩子拔著自己的頭髮，受到相當大的打擊，當然忍不住想要責罵孩子「為什麼要做這種事？！」

可是，出現這些行為的孩子多半擁有高度忍耐力，又不想讓父母擔心或添麻煩，所以會自己想辦法克服。因此即便在學校受同學排擠或霸凌，這些孩子幾乎都會選擇繼續到校上學。

我在面談過程時，首先會明確地對家長說明，拔自己頭髮的行為，是孩子正以這種方式向家長傳達「自己現在很痛苦」的重要求救信號。

他們會把頭髮放在桌上，或是丟在垃圾桶等容易被發現的地方。儘管孩子本身沒有察覺，但把拔下來的頭髮放在家長容易發現的地方，就是一種傳遞給家長的訊息。

相反地，如果拔下來的頭髮藏得非常隱密，表示孩子目前的狀態比上述容易發現的孩子嚴重許多。

拔頭髮的行為，並非「必須制止的困擾行為」，而是孩子為了保護自己，努力衍生出來，對孩子無比重要的行為。

我想，這時候家長如果能夠理解並接受，即可成為重要的第一步。

如果ＳＯＳ求救信號以其他方式出現，例如離家出走、援交等不良行為，或是割腕、過度服用藥物、厭食症等狀況的話，會對孩子的人生或身體帶來莫大傷害，家長所承受的壓力也非同小可。

重要的是，家長必須好好接受「選擇」拔頭髮方式的孩子身上這些溫柔、聰明、堅強等特質。

這代表著孩子也信任著家長。**「我的父母一定能夠了解我傳遞的訊息。」**

當家長開始諮商後，透過發現孩子心中的痛苦，並且予以接受後，孩子會開始表現出自己的憤怒或依賴。

這是好現象。以往比較溫和的孩子，可能會一股腦兒地宣洩過去種種不滿。甚至可能會對家長怒吼：「都是你的錯！」

這種時候，**請家長鼓起勇氣反覆地告訴孩子「原來你這麼難過」、「對不起我都沒**

有發現」、「不管發生什麼事，我都站在你這邊」等話語。即便孩子無法馬上接受這些話，但總有一天一定會起到解除孩子心中苦悶的作用。

上述情形還會使孩子出現「退化」現象，就算是已經上了中學的孩子，也會出現要求家長陪同入睡，或是希望撫摸媽媽的胸部；需要家長幫自己換衣服，或餵自己吃飯等行徑。如果家長拒絕，他們就會生氣、哭泣。

像這種為求得父母疼愛而退化的言行舉止，比「拔頭髮」這種兜圈子的SOS信號來得更直接，這也是種好的變化現象。

家長當然會對這類劇烈變化感到困惑，但我希望家長可以一面接受輔導，一面和孩子相處。

基本原則是持續地告訴孩子「我愛你的每一種樣子」這些充滿正面能量的話，並且陪在孩子身邊。

當然，這是相當辛苦的長期抗戰，不過孩子可以藉此獲得他最佳的陪伴者，經過克服一連串問題之後所得到的成就感，可以成為支撐孩子往後人生的重要力量。

27

當孩子猶豫如何決定未來發展方向時……

常用話語

你只要上
那所高中的話……

↓

信任話語

辛苦你了，
好像很難選呢。

因為我不是教育專家，所以我不會在這裡告訴大家「怎麼用功讀書才能取得好成績」。

我要說的是家長應該如何看待孩子所認知的學習態度。

在諮商過程中常會遇到，家長因為過於在意學業及成績，反而看不清其他重要的事情。

孩子如果自己擔心「要如何獲得好成績」，其實不是壞事，但若是家長想要孩子成為箇中翹楚，我認為這才是問題所在。

無論用功讀書或是大家公認的難關——選擇學校，或是未來工作的職場，都是為了將來可以過上幸福的人生。用功讀書對於變得幸福來說，不過是其中一個手段而已。

但是我經常會遇到分不清手段或目的的人，導致課業方面出現混亂的案件。

以下介紹的內容，全部都是在同一天來找我諮商的案件。

那天第一個案件是中學生的家長。

那位男孩，在小學期間成績在班上都是數一數二，但是一上了中學，成績便每況愈下。因為家長十分在意這事，於是家中的氣氛也變得越來越沉重。

雖說成績每況愈下，但其實仍然名列前茅，在學校有許多朋友，也相當熱衷於社團活動，孩子非常享受學校生活。

但是家長希望孩子未來能夠就讀錄取率不高的某高中，非常擔心如果孩子現在不認真讀書，可能會因此落榜。因為家長過度干預孩子的課業成績，孩子不懂深夜離家，甚至發生過許多次激烈的親子爭吵，鬧到鄰居請警察前來處理。

我詢問家長，如果孩子真的考上該校，面對越來越嚴苛的課業競爭，你們是否會採取比現在更加嚴格的督促方式呢？

但令我大感驚訝的是，家長似乎完全不在意這一點。

「只要努力進入那所學校就好，這樣一來孩子未來一定很幸福。」家長對此深信不疑。

然而，我覺得孩子正是因為家長的如此誤謬而感到憤怒。

下一個案件，恰巧是就讀上述那所高中2年級的學生家長。孩子從暑假結束以後，每天早上都起不來，請假次數明顯變多，到醫院接受檢查後，醫生卻對家長說：「身體沒有大問題，只是太累了。」

2年級下學期末，孩子幾乎沒有應考任何科目，家長幾番到學校去請求，於是學校答應只要補考及格，3年級也願意認真到校上課，就不給予留級處分。實際上，孩子連到校都有困難了，我實在不認為他能夠通過補考，並且在3年級恢復正常上學。

即便如此，家長仍只在意**「不要留級就好」**。

我對家長坦言，儘管孩子升上3年級，未來依舊十分辛苦，以目前的狀態來說，無法應付大學考試，針對這點，家長毫無反應。

這個案件可以把孩子拒絕上學視為孩子自己所選擇（包括下意識選擇）的重要

「改變方向」及「重新檢視自我」的方式。

但是，家長卻逃避面對攤在眼前的「現實」，擅自以為只要解決眼前的問題，即**「只要解決孩子起不來及不肯上學的問題，一切就迎刃而解」**。

我覺得，站在孩子的立場，當自己在面對人生中極大問題時，還得顧及混亂且心煩意亂的家長心情，實在太痛苦了。

那一天，我在這兩個案件之後，又和大學生的家長及社會人士的家長進行面談。

大學生案件，是目前正在就讀醫學系的男學生家長。男學生從1年級到3年級在學業上沒有出過什麼大問題，但必須通過一個重要考試，才能參加4年級的臨床實習，結果孩子沒有通過。家長帶著確定留級的孩子，一起來找我商量家長應該如何與孩子相處。

過去成績優異的孩子，對自己很有自信，認為自己只要努力讀書，一定會通過考試。

可是，即使通過考試，「也不知道自己將來應該為了什麼目的而努力」，孩子對父母這麼說。「我知道必須做些什麼，但卻不知道自己想做些什麼」，聽到孩子拚命地對父母說出自己的想法，我的心深受孩子的一番言語而感動。

但是家長卻把重點放在「再過兩年就畢業了，再來就可以當醫生了啊」上面。他們給我的感覺就是只要當上醫師，其他問題都不是問題，這令我印象深刻。

而孩子擔心的是「就算當上醫生，我可能也找不到自己想做的事」，以及「如果我沒有找到想做的目標，接下來的人生會相當痛苦」。這個案件中，我從他們的對話裡感受到孩子向父母傾訴自己的煩惱，在這個階段能夠獲得面對自己真實想法的喘息時間，對孩子來說再好不過了。

這天最後一個案件，是社會人士的家長來找我諮商。他的孩子是位年輕醫師。孩子初期研習結束後，終於開始接觸正規醫生的工作，但是患者及其家屬對自己口出惡言，在職場上人際關係也不好，所以對家長說出心中的脆弱。於是出門工作變得越來越痛苦，有好幾次在早上開車離開家門後，在抵達職場之前便開往相反方向直接回家。

現在則由母親開車接送他上下班。我擔心孩子可能罹患憂鬱症，於是向家長建議需要到醫院由專業醫師評估，孩子卻回答：「我絕對不去」，態度十分抗拒。

那麼，各位看了以上這些案件後有何感想呢？每一個案件都是家長用盡全力，一心一意支持孩子。

但是孩子卻因為家長一相情願的作法，日子過得越來越痛苦，即便如此，家長仍然選擇假裝看不見孩子們的痛苦。

總之，**只要往前走，就可以解決現在的問題了。他們堅信著這點。不，我覺得他們是打算堅信這點。**

「只要能上高中。」

「只要不留級。」

「只要通過大學考試。」

「只要當上醫師。」

總而言之，他們覺得只要跨越現階段眼前的障礙，未來就能船到橋頭自然直，先前進再說。但是，即便上了高中或大學，光是如此仍然無法解決問題。

甚至就像最後一個案件，就算已經成為醫師，還是會在醫師階段大吃苦頭。

我想，這些都是只要冷靜下來思考就能明白的道理。

「這樣做比較好。」即使是能完全接受大家的建議並且完美達成的優等生，未來也可能在某處碰壁。如果是自己有興趣、想做的事情，無論多麼辛苦都能堅持努力下去。可是如果是在「不知道自己想做些什麼」的狀態下，未來極有可能無法順利通過人稱「殺戮戰場」的各種考驗。

當發生這種狀況時，先停下腳步好好地思考自己的心情及未來的人生規劃，這種方式或許才可以說是正確的處理方式。

家長只需等待孩子自己開始行動的時刻，此外，無論是家長覺得無聊的事；孩子一下子就失去興趣的事；孩子自己有興趣或想做的事，家長都必須予以珍惜。我希望家長都能用這樣的方式對待孩子。

孩子極有可能因為家長這種應對方式而找到自己真正想做的事。

還有，停下腳步、重新檢視自己永遠不會太遲，我想，這樣的例子，各位家長身邊應該不在少數。

支持我育兒之路的一番話

雖然育兒帶給我莫大的快樂，但各種辛苦及擔心也不在話下。

當我在育兒過程中感到不安時，總是想起一段話。「原來有這種人啊。」當我得知這件事，我的心情便輕鬆許多；我希望各位讀者爸爸或媽媽中，有人能像我一樣稍微感到輕鬆，接下來請容我為大家介紹。

大學時代，我曾住在京都。那是距今30年以上的事情，當時我每天必做的事就是上澡堂。

在澡堂我認識了一位男性，我稱他為E先生。他是一位計程車司機，以前曾在證券公司上班，因為崇尚自由而辭職。

當時，E先生的兒子剛出生不久，每次遇到他，他都在三溫暖內和我分享嬰兒的點點滴滴。由於E先生的太太是職業婦女，所以E先生會幫忙餵奶、換尿布，也會幫忙到托兒所接送孩子。

當時因為我才十幾歲，不太清楚嬰兒的事，只覺得真的很辛苦。不過，E先生關於育兒的想法相當獨樹一格。

「我說田中小弟啊，辛苦是的確很辛苦，可是很有趣喔。我們夫妻養了很久的小狗，雖然小狗很可愛，但現在想想，小狗還是不夠可愛呢。小寶寶很厲害喔，笑起來超可愛，看著看著就會融化（臉上露出笑容）。我讓寶寶趴著，他就用小小的手抓住眼前的東西放進嘴巴，如果自己拿不到，他就『啊——啊——』地看著我，叫我過去拿。很厲害耶，超會使喚人。」「最近開始學爬了，已經不能放著不管了。然後我戒菸了，寶寶會一直爬去拿香菸跟打火機，太危險了。只要鎖定目標就一直線往前衝，小孩都喜歡危險的東西耶。只要看到東西就抓著不放，然後一直舔，接著轉過來看著我咧嘴笑，是在跟我炫耀吧！我覺得寶寶比小狗好溝通耶。」「田中小弟！我兒子終於站起來了！我一直聽到他啊啊叫，我轉過去一看，他扶著暖桌的邊緣站起來了。雖然他的腳還沒什麼力氣，站起來搖搖晃晃的，但還是站起來了。第一個看到的人是我。不是我老婆耶。這比狗還厲害，人類真的好偉大！」「這陣子，我兒子開始會說怕——怕——了，他在叫我『爸爸』喔，很厲害吧，真的會講話耶，你看小狗都不會講話。小孩子啊，說穿了就是『會講話的狗』，小狗也很可愛沒錯，可是小孩除了可愛，還會講話！真的太厲害了，超讚的！」

那個年代，沒有很多爸爸願意負責照顧小孩，E先生也邀請幾位和我一起去澡堂的同學到他家看小嬰兒。現在回想起來，太太應該忙得不可開交，卻還是邀請我們去作客。E先生一家住在公寓裡，雖然房子有點亂，但卻讓我們見識到如他所說的育兒生活。

E先生詼諧的口吻、純粹的表現，是個沒有極限的樂天派。能遇到E先生夫婦作為我人生中第一對育兒的前輩，現在想想，真的是太幸運了。

拿小孩跟小狗相比或許有欠妥貼，但是因為這種想法，讓E先生可以樂在育兒，好好地扶養孩子。在我成為人父後，經常在各種場景想起他說過的話。

每次我心中產生如「必須這麼做」、「一定要這樣教育」等不安時，我彷彿聽見E先生對我說：「田中小弟，幹嘛冷著一張臉？他們就是會講話的狗，開心點啦！」頓時讓我覺得輕鬆不少。

我想E先生所傳遞的訊息本質即為「和孩子一起生活是快樂的」。

同時也告訴各位，你必須記得**這並不是「義務工作」，而是「你人生中最棒、最奢侈的體驗」**。

28

當孩子一直滑手機時……

常用話語

手機我先
沒收幾天！

↓

信任話語

**我有件重要的事，
想聽聽
你的意見。**

孩子一直滑手機該怎麼辦？我想這是現代家長都會煩惱的問題，即便是我家，也曾出現類似的困擾。

就讀中學1年級的么兒，接收了在外居住的哥哥的舊手機，每天都在使用手機。不分日夜，Line的通知音總是響個不停。

過了一週，我看著他不停滑著手機的樣子，越來越焦躁。

某天傍晚，他一從學校回來就急著滑手機，我對他說：「如果你像昨天一樣玩手機玩到晚上10點，我就要沒收你的手機喔。」「好啦。」他頭也沒抬地回答我。

隔天，他一直滑手機滑到晚上9點半，接著去洗澡。過了10點才準備開始寫作業。

我是靠孩子的動靜得知他現在的舉動，我走出位於2樓的臥室，下樓走近孩子身邊，生氣地對他說：**「果然不應該這麼快讓你用手機，你根本玩到忘了時間。現在才開始寫功課，不就11點才能睡覺嗎？」**說完我一把抓過他的手機。他雖然看起來不太高興，但仍然一言不發地獨自完成作業。

最後他就寢時間大概在11點左右吧。

後來我走上2樓跟太太討論了許多，像是年紀大上他許多的哥哥，中學一年級時還沒開始用手機，可是現在這個年代，每個中學生都會使用智慧型手機等等。

太太對我說：「可是生氣地拿走手機還是不太好。」這時我才發現原來自己發了這麼大的脾氣。「這麼做，我和那些在面談中被我指過錯誤的家長有什麼不同！都用錯誤的方式來對待孩子。」冷靜過後，我深深地反省自己。

我偶爾會遇到有些家長會把不順自己意的孩子視為「頭腦有問題」或是「精神出狀況」，擔心得帶孩子到醫院接受診療。此時我覺得自己做的事情和這些家長並無不同。

我擅自認定不肯放下手機的孩子、不肯聽話的孩子就是得了手機成癮症，必須接受治療或指導。

「這不是危機而是轉機，正好出現一個和孩子好好談談的機會。」我太太對我說的話和這本書的內容如出一轍，並且鼓勵我「明天找孩子好好談談吧」。

身為顧問，我已經徹底反省過了，不過，我也重新認知到，擁有向對方道歉、和對方溝通以重新修復關係的勇氣更重要。我告訴自己，人類就是現實中遇到問題、經歷失敗，又重新振作的生物。

隔天早上，我先向兒子道歉。

「昨天對不起。我明明說『10點過後還玩手機就要沒收』，結果我卻因為你『10點過後才開始寫功課』而沒收你的手機，是我做錯了。」

孩子雖然認真地聽著我說話，但聽完卻一言不發地撇開視線，拿起放在餐桌上的文件或是學校講義，開始讀了起來。他通常會在這個時間玩手機，但手機在我這裡，沒辦法只好看桌上的文件。

「這件事很重要，我們想聽聽你的意見。」聽見我太太說的話，他雖抬起頭來，但仍然不發一語。此時洗衣機恰巧發出完成的提示音，所以我和妻子一起去晾洗好的衣服。

兒子隨後走到我們身邊堅定地說：

「那個，我覺得沒收很不好。你不要一下子就沒收，跟我說一聲就好。」他坦蕩蕩地對我說。這樣的兒子看起來真是帥氣。

「我就是想聽你的想法，謝謝你告訴我。我不該沒收你的手機，以後我會用說的。」我話一說完，孩子點點頭，走回餐桌，眼眶含著淚水。我知道，他鼓起了很大的勇氣來和我說這些話。

當下我覺得自己以後再也不會大聲對他說話，或是沒收他的東西了。

就像我一樣，家長往往沒有發現「自己的孩子已不再是需要強烈手段的年紀了」。家長擅自認定「這孩子還小，即便用命令的方式我也要保護他」，然後勉強孩子聽從我們的指揮。

可是，我發現就算這是一次讓孩子獲得成長的機會，也不應該用強行沒收來使孩子就範，成長的下一個階段應該是培養他們的溝通交涉能力才對。

即使像我從事多年的諮商輔導工作，也會因為這種事而慌亂不已，儘管如此，我仍然覺得和孩子們接觸是件快樂的事情。

29

當孩子期待收到聖誕老人的禮物時……

常用話語

禮物其實是
媽媽送給
你的喔。

↓

信任話語

真的有
聖誕老公公，
等你長大就知道。

時值年末，我和一位拒絕上學的中學生母親進行面談。提到聖誕節禮物時，這位媽媽說了以下的話：

「去年剛好也是這個時期，孩子正在寫著給聖誕老人的禮物清單。我媽對孩子說：『這世界上哪有什麼聖誕老人，禮物都是爸媽送你的啦。』我不能接受她這種行為，所以跟她大吵一架。在那之後，孩子好像裝成相信聖誕老人的存在，沒對我多說什麼。我媽後來又改變態度對我說：『他都長這麼大了還相信有聖誕老人，我只是矯正他的錯誤想法而已。』」

接著我開口問道：

「可是，光是芬蘭政府公認的聖誕老人就有幾十人。昨天我在電視新聞也看到公認的聖誕老人正要搭飛機出發到各個國家去。關於這點，媽媽妳覺得如何呢？」

聽到我的問題，媽媽內心似乎有些許動搖。

如果是我，我想**我會和孩子一起擬定「如何拯救不再相信聖誕老人的不幸外婆」計畫。**遇到年末時期，面談中常會出現這個話題。對於家長希望孩子相信世上有聖誕老人，自己卻不肯完全相信，我總是覺得有點可惜。

如果送禮物的那個人就是聖誕老人的話，那父母的確是聖誕老人沒錯。可是，這番話的意思等同告訴大家打造大阪城的人不是豐臣秀吉而是木工。

不管再冷再睏，為了不吵醒孩子，必須拚命想盡各種方法放妥禮物。費盡心思拚命準備孩子所要求禮物的辛勞。

聖誕老人讓世上的家長做出諸多「不合理」的行為，我實在無法否認他的存在。

新年參拜跟掃墓也是相同的意思。**我們合掌祈求的對象，看不見、摸不著，也無法替他們拍照**，那麼，這就表示神明或祖先不存在嗎？我相信，那位外婆一定不會這麼想。

感受神明或靈魂這種無形的強大存在，在孩子未來人生中，會成為一股強大力量，使他們相信「這個世界很美好」或是「活著是件很棒的事」這類毫無根據的事情。

我認為這種感覺，其實也存在於那位「講求科學」外婆的內心深處。

認真的討論及不負責任的建議

這是發生在約莫20年前的某個秋天的事。

大學4年級生F君來我的研究室找我商量。

他原本留著一頭金色的長髮，個性也很開朗；現在卻剃了個三分頭，一臉憂愁。

「其實我本來要找〇〇老師討論的，可是他不在，找您也可以啦……」

一如既往的坦率。當其他人的代打，正合我意。他反坐在椅子上，抱著椅背，面朝向我。我先行開口詢問F君：

「你的頭髮怎麼了？」

F君習慣性地撩撩已剪短的頭髮後說：

「我煩惱了很久。不是頭髮的事……老實說，已經12週了。」

我也認識F君的女朋友。

「那真是恭喜了！準備在學結婚嗎？還是選擇不登記的事實婚姻*註？」

「懷孕的人不是我女朋友，是我妹妹。」

F君告訴我，他妹妹當年18歲，就讀大學1年級；妹妹的男朋友則是23歲的社會人士。

上週，妹妹對雙親坦承懷孕的事，F君表示「整個家亂成一團」。

「她跟她男朋友都不打算拿掉孩子。」

「兩個人都想生下來，對象又是社會人士，沒什麼大問題吧？」

接著F君對我說出家人的主要想法。

「妹妹只有18歲，根本是小孩生小孩啊。如果過了20歲，就算先有後婚，還能找藉口搪塞親戚，現在這種狀況下也無法舉行婚禮。」

「自己生活都過不去了，哪有辦法養小孩。我妹根本不了解養小孩的辛苦。」「我爸媽跟親戚長輩們都很生氣，說妹妹如果堅持要生，就要把她趕出去，還說就算是『過年跟中元節也別回來了』。」

現階段F君的爸媽跟親戚提出的妥協方案是「總之這次就先拿掉，等年齡到了，再正式舉辦婚禮，公開讓親戚們知道，雖然對現在的男朋友不甚滿意，但還是容許他們結婚。」

但是，無論妹妹或她男朋友都堅決表示「絕對不會拿掉小孩」。妹妹強硬地說「我要離開這個家」。

「我很煩惱，到底要怎麼做才能讓妹妹改變想法、面對現實呢？」疼愛妹妹的F君詢問我。「現在又不能直接邀請親戚來舉辦公開婚禮，因為妹妹完全不想跟親戚打交道了。」

我給F君不負責任的建議，如以下幾點：

①「無論18歲還是20歲，其實沒什麼差別吧？小孩生小孩的狀況，即使到了妹妹20歲也一樣啊。現在這個社會還有30歲的『小孩』生小孩呢。」

②「婚禮這種事，即便家長或親戚不來，自己辦一辦也沒什麼問題吧？你希望有很多親戚來參加你的婚禮嗎？那些把適孕年齡看得比寶寶還重要的人，見了也不舒服吧。」

③「大人說，總之這次先拿掉。又不是點餐，『總之』說得倒輕鬆，但妹妹的身心都會受到傷害啊，況且妹妹本人的意願是想生下來。」

④「嚴格來說需要擔心的應該是男朋友吧。說穿了他就是那種欠缺考慮，輕易讓大學1年級生的女朋友懷孕，熱情用錯方向的人吧。大概過幾年就會出軌了吧。然後妹妹會因為照顧小孩無暇顧及丈夫，說話的方式、容貌、身形都會改變。如此一來，他就會愛上其他女性了吧。啊——好慘、好可憐啊。啊，我說的這些話你可千萬別對你妹說啊。」

「我才不會跟她說這些，可是，老師你看得好透徹喔。」

「那還用說，我心理學又不是念假的！」

這時，我起身打開窗戶。中庭佈滿了美麗的銀杏黃葉。

陣陣徐風吹進研究室。

「我說F君啊，雖然我們一直討論著懷孕啊、墮胎啊，但生下來就是一個新生命，是你的外甥或外甥女喔。」

F君一聽到「外甥」及「外甥女」的瞬間，表情一下子有了變化。

我身為心理專家，當然不會漏看這個小細節。

「小孩很可愛喔！大概只要過個3年，就會變成相當出色的小小孩。很會講話又到處跑來跑去。還會攀在你身上，一直叫你『舅舅！』喔。再過不久就上小學了，變成一個可靠的人。等到了那個時候，你就會對自己現在的舉動感到震驚，『我是個大壞人，居然說要拿掉這麼可愛的孩子！』現在，妹妹在家裡正面臨四面楚歌的狀態，當哥哥的要支持妹妹啊。人永遠都不可能忘記雪中送炭之恩。你只要對妹妹說：『包在哥哥身上！別擔心，我站在妳這邊！』就行了。」

「口頭聲援很有用喔，等妹妹上了年紀，就會這麼對孩子說：『你能來當我的孩子，都要感謝舅舅喔。』等孩子長大，那些現在嘴巴上掛著『拿掉、快拿掉』的人也差不多都不在世上了。不過，男朋友也有很可能不知去向啦。」

聽了我這些極度不負責任的建議，一開始堅持「拿掉孩子」的F君，腦海中已經浮現出『外甥』的模樣了。他原本就是一個容易接受別人意見的人。

「老師，我決定要支持我妹妹了！」本來我也很擔心他過於單純的想法，但當時我已經將其拋諸腦後，在意太多成不了大事。

那個秋天後，又過了4年。又是同樣銀杏黃葉時期。F君突然來找我。

他背上揹著可愛的男孩。我一看到這光景，心裡馬上明白了。我笑著開口，第一句話就對他說：「我說得沒錯吧？」

已經出社會的F君留著成熟髮型，整體感覺沉穩許多，聽我這麼說，露出了燦爛笑容。

「我爸媽，現在根本就是十足的寵孫魔人。」

「你看吧！」

「老師！我妹妹跟她先生，現在感情還是很好喔！」

註：日本的「事實婚」制度，是指雙方認定彼此為夫妻，且有共同生活的事實，但並未登記結婚。

樂在繪本的方式及21本推薦書籍

「我唸繪本給孩子聽，他看起來完全沒興趣……」

「孩子從來沒有主動來找我要求『唸這本書』……」

我偶爾會聽到家長提到類似的煩惱。我喜歡讀繪本。除了喜歡唸給孩子聽，本身也很愛閱讀繪本。

挑繪本的時候也是一大享受。

每天睡覺前，我和孩子都會一起在被窩裡讀繪本，這在我自己的育兒生涯以及和孩子相處的經驗中，堪稱最幸福的時光。

繪本只要照著書上的文字唸即可，不需要多作解釋。

像是讀到「橫跨河川的吊橋」時，盡可能避免用「吊橋就是……」這種加入解釋的方式閱讀。孩子日後自然有機會學到這些事物。

當然，如果孩子主動詢問「什麼是吊橋？」，家長只需要簡單回答就好。

如果家長是抱持著「讓孩子多認點字」或是「增加孩子的感性」的「目的」來選擇、閱讀繪本的話，孩子可能無法真的愛上讀繪本。

閱讀繪本的最佳目的在於「閱讀」，而非成為達成某某目的的手段。這與觀看足球比賽或是聆聽交響樂團演奏等意義相同，既是最棒的娛樂，也是奢華的享受時光。

選擇繪本的訣竅是，選一本家長自己讀了之後也覺得深受感動的書。

與其思考這些書是否「能夠打動孩子的心」，不如選擇一本能夠觸動自己內心小孩的書。

各位家長也可以參考書店店員、托兒所或幼兒園老師等人的建議。

優質繪本如同珍貴的經文一般，在多次閱讀後，會變得越來越有味道。

魔法般的文句搭配完美的圖畫一同傳遞到幼兒心中，在心理學領域中也是一種相當難得的經驗。

下一頁，我會介紹幾本我所推薦的繪本。這些書都是我剛開始育兒時所出版的書籍，幾乎都成了「古典」作品。

（書名後加★號為台灣已出版。）

《好奇妙呀好奇妙》

作者：長新太／出版：佼成出版社

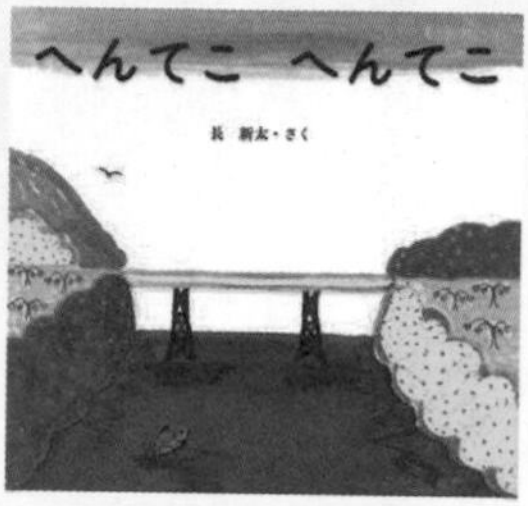

森林深處的河川上，有一座不可思議的橋。只要走上這座橋，身體就會變得很——長——。貓咪變成「貓——咪——」，狐狸變成「狐——狸——」。妖怪出現了，大象也來了。那蛇會變成什麼樣子呢？

我家三兒子每次到了「貓——咪——」等動物變長的部分，都會跟著一起唸。讀完後，也一定會要求我「再唸一次」。

《彎彎曲曲的路》

作者：井上洋介／出版：福音館書店

作者的繪畫功力十分了得。「夕陽鎮的彎曲道路，轉彎後會出現什麼呢？」這句引人入勝的句子搭配色彩運用絕妙的圖畫。腳踏車男、煙囪男，奇妙的人陸續出現。

我認為這本作品是世界級的傑作。

《白骨小哥》

作者：五味太郎／出版：文化出版局（日），新星出版社（中：簡體）

白骨小哥睡得一點也不踏實，他總覺得忘了什麼事情，可就是想不起來。為了想起自己忘記什麼事，白骨小哥上街去。「對啦！就是這樣啦！」白骨小哥說著口頭禪，悠遊在美麗藍色世界裡，讓孩子在不知不覺中反覆說著「對啦！就是這樣啦——」的著名作品。

過去，五味太郎曾以「反方」立場出席討論是否應該執行早期教育的特別節目。正方是英語會話教室的經營者，他表示「只要好好引導孩子，就可以自己完成所有事，包括小提琴、運動等等。」

「正因如此，大人才不應該這麼輕易地讓孩子學會這些事情。」五味太郎則如此斬釘截鐵地反駁對方。

正方不斷重複自身論點「教育趁早開始，孩子可以越來越熟練，為什麼不可以呢？」似乎無法理解五味先生反對的原因。

五味先生說：「必須尊重孩子的心靈與未來的生活。」我想他的意思應該是每個大人都必須有尊重孩子的心。只要閱讀五味先生的繪本，就能切身體會他想傳遞的訊息。

接下來繼續介紹幾本我和我家孩子都很

喜歡的繪本。

在此我就不多作詳細介紹，如果各位家長看了覺得有興趣的話，請試著到書店或圖書館查閱。

● **《大飛機和小貓咪》**
作者：長新太／出版：福音館書店

● **《鈴鈴的漂亮毛衣》**
作者：降矢奈奈／出版：福音館書店

● **《落語繪本　妖怪佣人》**
作者：川端誠／出版：Crayon house

● **《獅子的新家★》**
作者：西村敏雄／出版：學研Plus（日）
小魯文化（中文）

● **《包姆與凱羅的星期天★》**
作者：島田由佳／出版：文溪堂（日）
九童國際文化（中文）

● **《歡迎光臨吃飽飽餐廳★》**
作者：長谷川義史／出版：PHP研究所（日）青林出版社（中文）

● **《繞道電梯》**
作者：土屋富士夫／出版：德間書店

● **《鱷魚怕怕　牙醫怕怕★》**
作者：五味太郎／出版：偕成社（日）
上誼文化公司（中文）

● **《遲到大王★》**
作者：約翰・柏林罕／出版：AKANE書房（日）上誼文化公司（中文）

● **《Rotten Ralph's Rotten Romance》**
作者：傑克甘圖斯／出版：童話館出版

接下來，除了繪本，我也為各位介紹幾本可以作為育兒參考的書籍。

《小孩的宇宙：從經典童話解讀小孩內心世界★》

作者：河合隼雄／出版：岩波新書（日）

親子天下（中文）

「教養孩子是一種近距離觀察人類——一種出人意表的生物——的驚人親身經驗。」這本書，有點像是帶你走入上述旅程的旅遊導覽書。

對心理學有興趣的讀者，我想也會很喜歡《榮格心理學入門》。

《魔法教養方式》

作者：長古川博一／出版：PHP研究所

這本知名作品中，作者斷言「孩子不需要教養」。孩子越是做出逾矩的行為，家長更應該以告訴孩子「你是我重要的寶貝」來代替責罵，當我知道這句「魔法教養句」時，我莫名地開始喜歡上這個世界，和孩子相處時也變得快樂許多。

《把心靈創傷還給你》

作者：小野修／出版：黎明書房

本書告訴各位家長，請盡情享受孩子願意對家長抱怨的「幸福」。作者在書中詳盡解釋，相當有說服力。當家長理解這個道理後，孩子必定能夠成為解救家長的重要關鍵。有監護人來找我諮商中學生、高中生拒絕上學的問題時，我都會先推薦他們閱讀這本書。

《育兒永遠是起跑點——為了更像「父母」》

（作者：池添素／上川出版）

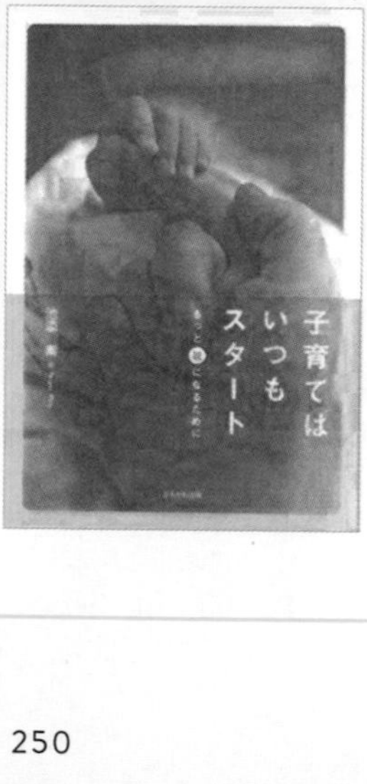

作者長年任職於京都的治療機關，她明確地主張，「孩子三歲以前不需要斥責。」如果孩子打翻或破壞了什麼物品，都是大人在調整環境上出了問題。只要讀了這本書，相信各位家長一定會從當下開始改變自己與孩子相處的方式，育兒生活也會變得更加愉悅。

《和孩子一起生活 教出撒嬌的孩子》

作者：澤田敬／出版：童話館出版

著

作者擔任小兒科醫生28年後，緊接著又在兒童諮商所任職12年，期間經手過許多攸關性命的重大案件。

書中介紹了許多臨床的案例，說明當孩子出現各種問題時，家長必須接受孩子的一切，給予溫情對待，並且透過讓孩子對自己「撒嬌」來修復孩子的心，進而獲得活力。然後藉由修復的過程，家長也能治癒自己內心那個想撒嬌的心靈，挽回過去無法撒嬌的遺憾，和孩子一起變得更幸福。

如各位所知，虐待及暴力等問題日益嚴重，讀了這本書，我想各位就能明白，書裡的內容並非紙上談兵或單單只是冠冕堂皇的大道理。

《家有亞斯伯格丈夫》

作者：野波鮪魚／宇宙出版

一般民眾利用專業書籍查詢自閉譜系疾患（ASD）的特徵時，可能會覺得難以理解。如果你也正為伴侶或孩子是否擁有ASD的特徵而煩惱，這本書是我的推薦首選。書中寫實地介紹了和患有亞斯伯格症的丈夫一同生活的情景，並且告訴讀者那些丈夫異於常人的地方，也是一種優點。

《拉慢飛的孩子一把：發展障礙的兒童★》

作者：杉山登志郎／出版：講談社（日）

書泉出版社（中文）

書中介紹ASD的特徵、診斷、治療及教育的問題，並且以家庭中的應對、青年期、成人期的問題為主題，舉出多個實例向家長說明「孩子未來漫長的人生中，家長應該如何應對比較合適」。我也推薦各位閱讀《名為虐童之第四種發展障礙》（出版：Human care books）。

《小兒科醫師告訴你 最棒的教養方式★》

作者：高橋孝雄／出版：Magazine House

時報出版（中文）

作者的主張是「每個孩子都擁有出色的天分，家長該做的是溫柔地靜靜等候孩子的才能開花結果」。內容溫馨，尤其對媽媽的包容更是情見乎辭。

雖然書名寫著「最棒的教養方式」，但內容卻是告訴大家「一般」的教養方式才是最棒的。

現任小兒科教授必須鼓起勇氣，才能如此斬釘截鐵地說出「輕鬆教養也能養出幸福的孩子」，「想要幫助身陷痛苦中的家長」。這本書能夠令人感到作者的一番決心，是相當優秀的作品。

書末，作者介紹自己小時候有關父親的回憶，一句充滿感情的話語、父親接受自己一切的經驗，這正是父親送給孩子最棒的禮物啊，我自己不管讀多少次都深受感動。

後記

1月底的早上，我完成了這本書的原稿。就讀中學1年級的兒子，因為參加足球部晨練而早早出門，結果過沒多久又回來了。

他打開門說了一句「水壺」，接著又聽到他說「釘鞋也忘了」，聲音聽起來有點沮喪。我拿起放在廚房的水壺，交給站在玄關的兒子。兒子提著釘鞋袋，默默地走出家門。

家裡距離學校走路大約10分鐘路程。兒子沒並有要求我開車送他上學，我也沒有主動提出「我送你去吧」，甚至「你上次也忘了吧」或是「前一天應該先把釘鞋放進書包」這類的話，我一句也沒說。

我一邊喝著咖啡，一邊想著週一早上就出師不利的兒子，包括他走路的樣子、他的心情，不知道晨練遲到會不會受學長責罵等等。

我沒主動提出送他上學，並不是想以此讓他有所警惕，也完全沒有「這次讓他吃點苦頭，下次才會記住」的意思。如果他問我「爸爸，能送我一程嗎？」我也很樂意送他去學校。

他很討厭麻煩，以前他說過不讓我送他去上學，是想要「自己嚐嚐失敗的滋味」，也是對父母展現他能夠獨自面對考驗的驕傲。

２１０頁所介紹的「母親的必須存在是為了讓孩子離開」論文的重點在於「離開」及「存在」。父母無須指責孩子，也無須幫助孩子，只要一直陪在孩子身邊。這是多麼痛苦、難受的事情。可是，孩子能體會家長心中的感覺，而且也一定感受得到「父母很相信我」。

像這些日常中微不足道的令人難過的分離，經過不斷累積，最後會形成家長心中對孩子的尊重。閱讀這本書的讀者，都會好好把握這些應該稱為育兒收穫的情景。如果能幫上各位家長一點忙，我想我寫這本書就有意義了。

在此特別感謝積極推動我撰寫本書，並且予以付梓的編輯，同時也是位年輕爸爸的今野良介先生不勝感激！

最後，我要對已經離家獨立生活的三個兒子、還能陪我們一段時間的么兒，當然還有我的太太說句話：一直以來謝謝你們！

田中茂樹

讓孩子變得幸福的話語

子どもが幸せになることば

讓孩子變得幸福的話語/田中茂樹作；侯萱憶譯. -- 初版. -- 臺北市：春天出版國際文化有限公司, 2024.05
面 ； 公分. -- (Better ; 40)
譯自 ： 子どもが幸せになることば
ISBN 978-957-741-842-5(平裝)

1.CST: 親職教育 2.CST: 子女教育 3.CST: 親子溝通

528.2 113004012

Better 40

作　　者◎田中茂樹
譯　　者◎侯萱憶
總 編 輯◎莊宜勳
主　　編◎鍾靈
出 版 者◎春天出版國際文化有限公司
地　　址◎台北市大安區忠孝東路4段303號4樓之1
電　　話◎02-7733-4070
傳　　真◎02-7733-4069
E－mail◎frank.spring@msa.hinet.net
網　　址◎http://www.bookspring.com.tw
部 落 格◎http://blog.pixnet.net/bookspring
郵政帳號◎19705538
戶　　名◎春天出版國際文化有限公司
法律顧問◎蕭顯忠律師事務所
出版日期◎二〇二四年五月初版
定　　價◎399元

總 經 銷◎楨德圖書事業有限公司
地　　址◎新北市新店區中興路2段196號8樓
電　　話◎02-8919-3186
傳　　真◎02-8914-5524
香港總代理◎一代匯集
地　　址◎九龍旺角塘尾道64號 龍駒企業大廈10 B&D室
電　　話◎852-2783-8102
傳　　真◎852-2396-0050

ISBN 978-957-741-842-5